André Meier
Die kleine Aussteigerfibel

PIPER

Zu diesem Buch

Wer von einem Häuschen im Grünen träumt, der Geschäftigkeit der Großstadt entfliehen will und langweilige Fernsehabende gegen nächtliche Ausflüge an romantische Moorseen und Grillengezirp eintauschen möchte – der ist hier genau richtig.
Von A wie Aussteiger bis Z wie Zeckenbiss erklärt *Die kleine Aussteigerfibel*, wie nützlich der Manufactum-Katalog bei einer Mäuseplage sein kann und warum man beim Dorftanz keinen Daiquiri bestellen sollte.

André Meier, 1960 geboren in der Berliner Charité, ist Autor und Dokumentarfilmer. Er lebt mit Pferd, Hund, Huhn, Katze, Kaninchen, Frau und Kindern seit zehn Jahren glücklich in Vorpommern.

André Meier

Die kleine Aussteigerfibel

Landleben für Anfänger von A bis Z

Piper München Zürich

Mehr über unsere Autoren und Bücher:
www.piper.de

Mix
Produktgruppe aus vorbildlich bewirtschafteten
Wäldern und anderen kontrollierten Herkünften
www.fsc.org Zert.-Nr. GFA-COC-001223
© 1996 Forest Stewardship Council

Ungekürzte Taschenbuchausgabe
Piper Verlag GmbH, München
Mai 2011
© 2008 Seitenstraßen Verlag GmbH, Berlin
Innenillustrationen: Kathrin Frank
Umschlagkonzeption: semper smile, München
Umschlaggestaltung: Bauer + Möhring, Berlin
Umschlagabbildungen: iStockphoto
Papier: Munken Print von Arctic Paper Munkedals AB, Schweden
Druck und Bindung: CPI – Clausen & Bosse, Leck
Printed in Germany   ISBN 978-3-492-26469-3

INHALT

11 **ALLER ANFANG IST SCHWER** ODER WIE MAN AUSFINDIG MACHT,
WANN DER ABSCHIED VOM ALTHERGEBRACHTEN ANSTEHT

18 **BONITÄTEN, BEDÜRFNISSE, BEDENKEN** ODER WARUM NUR
DAS BIWAKIEREN AUF PROBE VOR EINER BRUCHLANDUNG SCHÜTZT

27 **CHAOS, COMPUTER UND DIE CALLAS** ODER WIE MAN ABSEITS
DER ZIVILISATION DEN CULTURE CLASH VERMEIDET

30 **DUSCHEN UND DEODORIEREN** ODER WAS BEIM DORFTANZ
DAIQUIRI-CLASSIC-TRINKERN DROHEN KANN

38 **EIER UND ELTERNSCHAFT** ODER WAS DIE EVANGELIEN DEM EX-STÄDTER
AN BESONDERER ERKENNTNIS BRINGEN

43 **FISCHEN UND FRATERNISIEREN** ODER WARUM ES EIN FEHLER WÄRE,
NICHT MIT MAO EINIGE FÄDEN ZU SPINNEN

46 **GELD UND GLÜCK** ODER WIE GESETZESKONFORME GESCHÄFTE
AUCH FERN DER GROẞSTADT DAS GIROKONTO FÜLLEN

55 **HEIZEN UND HEULEN** ODER WARUM HAUSTIERE, DIE AUF DEM HERD
ENDEN, NICHT HANSI HEIẞEN KÖNNEN

61 **ICH, DU, ES UND WIR** ODER WARUM INTENSIVE INTIMITÄTEN
IM IGLU VOR INGRIMM UND ISOLATION SCHÜTZEN

68 **JÄTEN UND JAGEN** ODER WARUM MIT JAUCH AUF DEM
JVC-PLASMA-BILDSCHIRM JETZT JÄHLINGS SCHLUSS SEIN MUSS

74 **KUNST UND KOMMUNEN** ODER WARUM MAN NUR MIT KÜHLEM
KOPF IM KRIEG DER KULTUREN BESTEHEN KANN

80 **LECKERES AUS DEM EIGENEN GARTEN** ODER WIE DIE LOHNMOSTEREI
HILFT, LORBEER ZU ERNTEN UND LANGZEITBEKANNTSCHAFTEN
AM LEBEN ZU HALTEN

82 **MÄUSE UND MÜCKEN** ODER MIT MASSENEINKÄUFEN BEI MANUFACTUM
DIE MISSGUNST MEHREN

87 **NOTARZT UND NIESSBRAUCHRECHT** ODER WIE SICH EIN NATURNAHES
NICKERCHEN NOCH MIT NEUNZIG MEISTERN LÄSST

94 **OBEN OHNE UND OLIGARCHEN** ODER WARUM FÜR ORTSFREMDE
IM OSTEN OBACHT GEBOTEN IST

104 **PUBERTÄT UND PFERDESPORT** ODER WIE DAS LEBEN ZUM PONYHOF
WIRD UND PRIVATE PÄDAGOGIK PROBLEMLOS PUNKTET

109 **QUALIFIZIERUNG QUERBEET** ODER WELCHE QUELLEN DEN GEQUÄLTEN
AUSSTEIGER ERQUICKEN BEZIEHUNGSWEISE WENIGSTENS TRÖSTEN

113 **RATENZAHLEN UND REBELLIEREN** ODER WARUM MITREGIEREN RATSAM
IST, DAMIT DIE LÄNDLICHE RUHE NICHT UNTER DIE RÄDER KOMMT

118 **SINGLES UND SEXUALKONTAKTE** ODER WARUM ES SINNVOLL IST,
SICH NICHT GEGEN FREMDE SITTEN ZU STRÄUBEN

124 **TANTRA UND TIEFDRUCKGEBIETE** ODER WIE MAN, OHNE DER
TRUNKENHEIT ANHEIMZUFALLEN, TRÜBSINN TATENDURSTIG
THERAPIERT

128 **URLAUB UND UNTERHALTUNG** ODER WAS MAN VON STALIN IM
UMGANG MIT STÄDTERN NICHT LERNEN KANN

137 **VIELLEICHT WIRD IHRE FRAU ZUR XANTHIPPE** ODER WARUM ES ZWEI-
FELSOHNE KLÜGER IST, ES EIN ZWEITES MAL WOANDERS ZU VERSUCHEN

VORWORT

Dieses Buch richtet sich natürlich nicht nur an Aussteiger und solche, die es werden wollen. Es ist ebenso wenig allein für Menschen geschrieben, die ihr Glück in der Provinz gefunden haben oder noch immer suchen. Nein, es will auch jene Stadtbewohner erreichen, die auf den abgeschliffenen Dielen ihrer Altbauwohnung sitzen und jeden Sonnabendabend darüber nachgrübeln, ob sie ins Theater, ins Kino oder mit Freunden zum Italiener gehen, um dann doch nur wieder vor dem Fernseher sitzen zu bleiben und den Sushi-Service anzurufen.

Nichts gegen Fisch und »Wetten, dass …?« Wenn Sie aber das ungute Gefühl haben, Ihr Leben stagniert, weil das Einzige, was Sie noch überraschen kann, die jährliche Betriebskostenabrechnung ist, kaufen Sie das Buch und legen es in Ihr Handschuhfach.

Irgendwann kommt der Tag, an dem Sie es brauchen. Vielleicht wird vor Ihrem Fenster die Straße zum dritten Mal aufgerissen, die Wasserleitung im Haus unter staubigem Getöse erneuert, vielleicht haben Sie wider Erwarten Ihren Job verloren, vielleicht hat die Frau Sie verlassen, der Freund Sie betrogen, sind die Kinder aus dem Haus oder ist Ihre Katze tot.

Ganz gleich, ob Sie ein Grab für das Tier oder auch nur ein Stück Himmel suchen, um dem Schöpfer Ihre Verzweiflung lauthals kundzutun, Sie müssen raus. Raus aus der Stadt und runter von der Autobahn. Und dann, wenn Sie endlich heiser sind und die Katze unter der Erde liegt, naht der Moment, an dem Ihnen dieses Buch helfen kann.

Denn plötzlich hören Sie Vögel zwitschern, sehen Schmetterlinge tanzen und weiße Wolken am schier endlosen Horizont vorüberziehen. Sie lassen sich ins Gras fallen und schließen die Augen. Sollte Ihnen jetzt kein Käfer, keine Ameise oder Raupe unters Hemd krabbeln, ist es so weit. Sie wollen nicht mehr zurück, nicht in Ihre lärmende Straße, nicht auf Ihr von Handwerkern okkupiertes Klo und erst recht nicht zurück in Ihr altes Leben.

Warum, so fragen Sie sich dann, kann man nicht einfach hier glücklich sein, hier auf dem Land?

Und spätestens jetzt sollten Sie weiterlesen, um sich nicht blind von einem Desaster ins nächste zu stürzen.

ALLER ANFANG IST SCHWER
ODER WIE MAN AUSFINDIG MACHT, WANN DER ABSCHIED VOM ALTHERGEBRACHTEN ANSTEHT

Wollen Sie genau wissen, ob die Zeit für den großen Abschied reif ist, stellen Sie den Wecker an einem gewöhnlichen Sonnabendabend auf 6 Uhr 15. Werden Sie dann am nächsten Morgen aus dem Tiefschlaf gerissen, gehen Sie geradewegs ins Bad und blicken in den Spiegel. Lächelt Ihnen dort ein glücklicher, mit sich und der Welt zufriedener Mensch entgegen, sind Sie definitiv im falschen Buch.

Der Ausstieg, von dem hier die Rede sein soll, ist mehr als ein winterlicher Survivalwochenendkurs mit abschließender Hüttengaudi. Es ist ein Aufbruch ohne Regressanspruch. Deshalb sollte er nur gewagt werden, wenn der Blick in den Spiegel so viel Trübsinn offenbart, dass sich damit der Tank für die Fahrt ins Ungewisse locker füllen ließe.

Also, fühlen Sie sich mental etwa so wie die Sowjetunion der späten Breshniew-Ära, deplatziert und verachtet wie ein gepökeltes Eisbein im Naturkostladen, matt und mutlos wie ein Monopolyspieler, der, von Hotels umzingelt, nur noch den Nordbahnhof sein Eigen nennt, dann könnte der Ausstieg durchaus eine Option sein.

Natürlich gibt es noch andere Möglichkeiten. Alkohol und Drogen zum Beispiel, eine Affäre oder – falls es auch dafür nicht mehr reicht – einen Schnupperkurs in ihrer örtlichen Scientologyfiliale oder ein Dauerlos bei der Glücksspirale.

Sollte Ihnen jedoch die Gesundheit, der Ehepartner oder auch nur Ihre eigene Zurechnungsfähigkeit am Herzen liegen, lassen Sie die Finger davon.

Falls Sie jetzt noch immer mit ungeputzten Zähnen unschlüssig vor dem Spiegel stehen und sich fragen, ob Ihr Leben tatsächlich schon so trostlos ist, dass man es nur noch in die Tonne drücken kann, wagen Sie einen letzten Versuch. Öffnen Sie das Fenster, atmen tief ein und schließen die Augen. Dann stellen Sie sich vor, Sie stünden an einem Südseestrand, und Johny Depp respektive Scarlett Johansson käme Ihnen unbekleidet und einladend lächelnd entgegen.

Sollte Ihre Autosuggestionskraft an einem Sonntagmorgen um 6 Uhr 22 dafür noch reichen, können Sie sich die Grübelei schenken. Gehen Sie ins Bett zurück und bereiten dem Blue Movie mit Starbesetzung unter der Decke Ihr ganz privates Happyend.

Für den Fall aber, dass sich die tropische Kokosölidylle schon nach dem dritten Lungenzug in eine nach abgestandenem Frittenfett und Autoabgasen stinkende Stadtlandschaft verwandelt, beenden Sie das Experiment und ziehen sich endlich einen Bademantel über. Denn nun steht fest, dass Sie reif sind für den großen Umbruch.

Also, Fenster zu und umgeblättert, denn vermutlich ist dieses Buch der allerletzte Zopf, mit dem Sie sich aus dem Sumpf Ihrer offenkundig traurigen Existenz ziehen können.

*

Jeder Ausstieg – den Suizid einmal ausgeklammert – ist zugleich ein Neuanfang, ist ein Einstieg in eine wie auch immer geartete fremde Welt. Deshalb haben Sie auch hier, wie bei jeder ganz normalen Urlaubsreise, das Problem: Was packe ich ein, wen nehme ich mit , wo geht es überhaupt hin?

Beginnen wir mit dem schwierigsten Punkt: Mit wem wage ich den großen Sprung?

Zählen Sie zu den 14 Millionen in Deutschland gelisteten Einpersonenhaushalten, können Sie diesen Abschnitt getrost überspringen. An Ihrem Singledasein wird auch der Wille zum Ausstieg nichts ändern. Das heißt, die Wahrscheinlichkeit, dass Ihr Wunschpartner im letzten Moment auf den Möbelwagen aufspringt, der mit Ihnen ins neue Leben rollt, ist gering. So gering, dass diese Boy-meets-Girl-Variante noch nicht einmal als Hollywoodschmonzette auf DVD erhältlich ist.

Als Aussteiger gewinnen Sie frühestens an Sexappeal, wenn Sie Ihre Habseligkeiten ins neue Heim räumen. Gerade in der ereignisarmen ländlichen Region steigt der Neuankömmling schnell zum geheimnisvollen Fremden auf und löst so nicht selten bei alteingesessenen Gemütern libidinöse Reflexe aus.

Wer allerdings Leben, Bett und Hornhautfeile mit einem Menschen teilt und dennoch nach Veränderung lechzt, sollte an dieser Stelle einen Moment innehalten. Es lohnt sich nämlich durchaus, vor dem großen Aufbruch bei einem oder zwei Glas Wein zu klären, ob nicht gerade diese Zweierbeziehung die eigentliche Ursache allen seelischen Ungemachs ist. Denn wenn einem der Partner oder die Partnerin tatsächlich zentnerschwer aufs Gemüt drückt, ist eine einvernehmliche Trennung mit Sicherheit heilsamer als die kollektive Flucht in Ketten.

Umso besser aber, sollten Sie nach einer guten Flasche zu der Einsicht gelangen, dass Ihr Gegenüber an Ihrer Misere völlig schuldlos ist, ja sogar ganz ähnlich empfindet und ebenfalls nach einem Neuanfang dürstet.

Nun müssen Sie sich gegebenenfalls nur noch um den Nachwuchs kümmern. De jure haben die Kinder bei derartigen Grundsatzentscheidungen zwar nichts zu melden, de facto aber dafür umso mehr zu maulen. Deshalb sei auch hier Behutsamkeit angeraten.

Solange Ihr Kleines Sie noch mit all seinen Milchzähnen angrinsen kann, müssen Sie sich allerdings überhaupt keine Gedanken machen. Versprechen Sie ihm einen eigenen Sandkasten oder ein Kaninchen, und die Sache ist geritzt.

Schwieriger wird es da schon, wenn das Kind bereits der Schulpflicht unterliegt. Der Hang zur Rudelbildung ist nun bereits voll ausgeprägt. Wollen Sie jetzt aufbrechen, werden Ihnen die Schulfreunde gleich dutzendweise als Bremsklötze vor den Umzugswagen gerollt. Natürlich kann Sie niemand daran hindern, einfach blind drüber weg zu brettern. Aber dann ist die Wahrscheinlichkeit groß, dass Ihnen Ihr Kind später all seine beruflichen und privaten Misserfolge in Rechnung stellt.

Im Interesse eines halbwegs sorgenfreien Lebensabends sollten Sie hier also schon etwas Sensibilität walten lassen. Vielleicht warten Sie einfach, bis der Abschied von der Grundschule ohnehin ansteht. Können Sie doch dann den Zorn Ihres Kindes mühelos auf das System lenken. Auf Kultusminister etwa, die meinen, die Spreu ließe sich vom Weizen bereits vor dem Aufblühen der ersten Akne trennen. Innerfamiliäre Schuldzuweisungen bleiben Ihnen so erspart. Wenn dafür auch die Gefahr wächst, dass sich der Nachwuchs für so viel Staatswillkür mit einem Abdriften ins linksradikale Milieu revanchiert.

Falls Sie aber auf einen ruhigen Lebensabend pfeifen oder Ihr Kind ohnehin zum Autismus neigt, lassen sich natürlich auch die Sommerferien oder ein verlängertes Wochenende für den Bruch mit Ihrem alten Leben nutzen. Wenn Sie es geschickt anstellen, können Sie dabei sogar Pluspunkte sammeln und Ihre elterliche Autorität aufpolieren: »Was! Eine Fünf in Mathe, das lassen wir uns nicht länger gefallen. Die spinnen wohl an deiner Schule! Sei nicht traurig, Häschen, morgen ziehen wir um!«

Und schon haben Sie statt eines potenziellen Dauernörglers einen strahlenden Bewunderer und wild entschlossenen Verbündeten an Ihrer Seite. Falls diese Taktik wider Erwarten in die Hose gehen sollte, finden Sie im Internet problemlos die Adresse eines Ihrer Einkommensklasse entsprechenden Internats.

*

Nachdem also geklärt wäre, wer Sie bei Ihrem Ausstieg begleitet und wer nicht, bleibt nur noch die Frage offen: Wo geht es hin?

Zugegeben, nicht jeder Aussteiger benötigt einen neuen Ankerplatz. Manch einer kauft sich einen Wohnwagen und erklärt kurzerhand den Weg zum Ziel, um fortan auf dem Asphalt sein Glück zu suchen. Zwar bieten die deutschen Straßen einem alles Mögliche, vom schnellen Tod bis zum noch schnelleren Sex, aber das Seelenheil wird man auf ihnen wohl vergeblich suchen. Wer also den Rest seines Lebens im Caravan verbringen will, sollte deshalb lieber in exotischere Regionen rollen. Vor vierzig Jahren und mit Uschi Obermaier auf dem Sozius mag das ja noch fesch ausgeschaut haben. Heute wird diese Form des Ausstiegs allerdings hauptsächlich von Frühpensionären aus dem öffentlichen Dienst bevorzugt. Weshalb wir im Folgenden die Wohnwagenbesitzer ebenso übergehen können wie die Mallorcaflüchtlinge und Miamirentner. Sie alle gehören eher in die Kategorie der Langzeiturlauber und sind mit einem Baedeker-Reiseführer weitaus besser bedient.

Ansonsten aber werden hier keine Unterschiede zwischen Aus- und Inland gemacht, denn egal ob Sie sich in Andalusien oder Sachsen-Anhalt neu ansiedeln, die Probleme, die auf Sie warten, ähneln sich. Vorausgesetzt, Sie gehen wirklich auf volles Risiko und ziehen von der Stadt aufs Land, von der brodelnden Metropole an den dampfenden Dunghaufen.

Wichtig ist allerdings, dass eine ausreichend große Pufferzone Ihr altes und neues Leben trennt.

Nichts gegen Besucher aus der vormaligen Heimat. Vor allem nicht, wenn sie Ihnen beim schweren Neuanfang tatkräftig zur Seite stehen. Wer aber – statt zum Roden oder Holzeinschlag – nur in Flipflops anreist, um mit dem Prosecco in der Hand über Ihre frisch gemähte Wiese zu tänzeln, hat sein Gastrecht verwirkt. Kann doch dergleichen perfide zur Schau gestellte Unbekümmertheit gerade labilere Aussteiger schnell in tiefe Depressionen stürzen. Erst recht, wenn sie nach einem 16-Stunden-Arbeitstag auf Feld und Hof noch immer in mistverkrusteten Gummistiefeln stecken.

Die ersten Monate, ja vielleicht sogar Jahre in der Fremde sind entbehrungsreich. Ein Septemberregen, der Ihnen den Keller volllaufen lässt, ein Novembersturm, der Ihr Haus abdeckt, ein frostiger Januartag, der Ihre Wasserleitungen platzen lässt, oder ein Jäger, der Ihre Lieblingskatze mit seiner Flinte vom Feldrand putzt, reichen oft schon aus, um Zweifel aufkeimen zu lassen.

Wenn dann auch noch unentwegt alte Bekannte anreisen, um sich ausgerechnet in Ihrem Lieblingsliegestuhl von den Strapazen des städtischen Amüsierbetriebs zu erholen, ist die Gefahr des Einknickens groß. Sollten Sie also unbedingt Gesellschaft brauchen, legen Sie sich Nutzvieh zu oder werden Mitglied im örtlichen Schützenverein.

Aber zurück zu Ihrer privaten Pufferzone, die sich ganz leicht wie folgt bestimmen lässt. Dafür brauchen Sie keine neue Software, ja nicht einmal einen Computer. Ein roter Filzstift, ein alter Schulatlas und ein handelsüblicher Zirkel genügen vollauf. Wichtig ist nur, dass Sie sich nicht im Maßstab vertun. 150 Kilometer Luftlinie sind das Minimum. Vorausgesetzt, Ihr bisheriger Wohnsitz liegt in einer Stadt, auf deren Ausfahrtstraßen der Stau der Regelfall ist. Ansonsten verdoppeln Sie die Zirkelspanne einfach. Dann ziehen Sie um Ihren vorab rot markierten alten Lebensmittelpunkt einen Kreis. Jeder Ort innerhalb dieser 360-Grad-Zone ist für Ihre Neuansiedlungspläne tabu. Können Sie doch hier allzeit mit Spontanbesuchen ehemaliger Weggefährten rechnen. Zudem laufen Sie selber Gefahr, beim kleinsten Handicap mit wehenden Fahnen in Ihr altes Leben zurückzukehren. Erst für einen Kinoabend mit der besten Freundin, dann für ein

Wochenende bei Mutti, und schließlich wird Ihr Fluchtdomizil endgültig zum Ferienhaus degradiert.

Also, wenn Sie es wirklich ernst meinen mit dem Ausstieg, achten Sie auf einen ausreichenden Sicherheitsabstand. Ansonsten aber können Sie Ihren Vorlieben freien Lauf lassen. Wasser, Berge oder Steppe, Süden, Norden, Westen, Osten, Ihre neue Heimat kann überall sein.

B BONITÄTEN, BEDÜRFNISSE, BEDENKEN
ODER WARUM NUR DAS BIWAKIEREN AUF PROBE BEIZEITEN VOR EINER BRUCHLANDUNG SCHÜTZT

Zu glauben, es genügt, sich und sein Auto umzumelden, um fortan selig durchs Leben zu gleiten, wäre naiv. Ungemach lauert überall. Und gerade für einen Städter kann das Leben im vermeintlich ländlichen Elysium schnell als Martyrium enden. Bereits bei der Wahl des künftigen Wohnsitzes ist es deshalb wichtig, mit Weitsicht vorzugehen.

Lassen Sie sich also bei der Suche nach Ihrer neuen Heimat Zeit. Und prüfen Sie rechtzeitig, welche Art von Abgang Sie sich überhaupt leisten können. Aber nicht verzagen, 5000 Euro und ein Durchschnittsdispokredit genügen für einen Ausstieg in der Economy-Klasse vollends. Schließlich muss es ja nicht gleich die Toskana, die Provence oder das Breisgau sein. Kulinarisch und klimatisch sind Sie dort natürlich auf der sicheren Seite. Allerdings haben das bereits Generationen von Stadtflüchtlingen vor Ihnen gewusst. Weshalb in diesen weinreichen Gegenden kaum noch ein Schafstall unter 50 000 Euro angeboten wird. Und das müssen Sie sich nun wirklich nicht antun.

Wenn Ihr Konto also keine großen Sprünge erlaubt, empfiehlt sich die Häusersuche im sogenannten Beitrittsgebiet. Schauen Sie sich die Landtagswahlergebnisse Ihres bevorzugten Bundeslandes an und gleichen Sie die Resultate mit der aktuellen Arbeitsmarktstatistik ab. Wo sich der Stimmenanteil verfassungsskeptischer Parteien und die Arbeitslosenquote irgendwo zwischen 20 und 30 Prozent eingependelt haben, ist garantiert ein Schnäppchen zu machen.

Ein vergleichbares Preisniveau findet man anderenorts höchstens im Einkilometerradius eines Atommeilers oder eines schlecht beleumundeten forensischen Strafvollzugs. Nur selbst dort können Sie kaum ein marodes Gutshaus oder Schloss für den Preis eines indischen Kleinwagens erwerben.

Anders in den vom Transformationsprozess gebeutelten Regionen Ostdeutschlands. Hier dürfen Sie noch frei wählen zwischen Barock mit Schwamm oder Rokoko im Cabriolook. Je voluminöser das Objekt, desto niedriger ist sein Einkaufspreis. Begreiflich, wachsen doch die Sanierungskosten proportional zur Raumgröße. Bei einem ruinösen Adelssitz landen Sie so schnell im sechsstelligen Bereich. Das wiederum lohnt sich nur, wenn Sie Steuern in horrender Höhe abschreiben können oder in den alten Mauern Champignons züchten wollen.

Noch ein Wort zur Region. Das ländliche Ostdeutschland wird nicht ganz zu Unrecht medial gern als eine Art vorsibirische Diaspora beschrieben. Besonders gefährlich für Neuansiedler, die sich einer unverzüglichen und bedingungslosen Assimilation verweigern. Einmal nicht am Führergeburtstag geflaggt, und schon werden die zarten handgezogenen Rucolapflänzchen von Springerstiefeln zertreten.

Sicher, so etwas kann passieren. Allerdings schreitet mit der Entvölkerung auch die Befriedung dieser Problemzonen voran. Wo keine 50 Seelen mehr auf dem Quadratkilometer zusammenhocken und der Altersdurchschnitt in die Nähe des Renteneintrittsalters rückt, lassen sich auch gewaltbereite Extremisten nur noch schwer rekrutieren.

Die wenigen in der Region verbliebenen jungen Männer mögen zwar von fragwürdiger Gesinnung sein, aber zumeist auch ohne Beschäftigung und somit knapp bei Kasse. Ihre spontane Zusammenrottung verhindert allein schon die globale Rohölpreisentwicklung. Einmal im Monat zu sechst im rostigen Golf in ein grenznahes Bordell, und der Mobilitätsspielraum der staatlichen Transferleistung ist ausgereizt.

Bei 1,50 Euro pro unverbleitem Liter wird jeder Molotowcocktail zum Luxusgut. Für einen rechtsradikalen Hartz-IV-Empfänger scheiden damit Brandanschläge auf einsam gelegene Aussteigerhäuschen von vornherein aus. Jedenfalls so lange, wie das Arbeitsamt für derartige Einsätze noch keine Fahrtkosten zurückerstattet.

Und sind wir ehrlich: Wie schnell können dagegen Großstadtbewohner Opfer gewaltsamer Attacken werden. Einmal in die falsche U-Bahn gesetzt, und schon werden Sie persönlich für ein halbes Jahrhundert verfehlter Integrationspolitik körperlich in Haftung genommen.

Trotzdem ist beim Umzug aufs Land Obacht geboten. Bevor man sein Traumhaus erwirbt, ganz gleich nun, ob Schloss oder Bauernkate, ist es ratsam, mindestens eine Woche in dessen unmittelbarer Nähe zu zelten.

So schlägt man gleich zwei Fliegen mit einer Klappe. Erstens können Sie auf diese Art die Toleranz Ihrer zukünftigen Nachbarn testen und zweitens jene örtlichen Besonderheiten in Erfahrung bringen, die man bei einer flüchtigen Inspektion meist übersieht. Hetzen einem die umliegenden Anwohner innerhalb der ersten 24 Campingstunden keinen Ordnungsamtsvertreter auf den Hals, dürften sie als liberal und friedfertig gelten und einem Zuzug nicht im Wege stehen.

Wichtiger aber noch als die Nachbarn selbst sind die Maschinen, derer sie sich bedienen. Zur vermeintlichen Erleichterung des ländlichen Lebens gibt es eine Unmenge technischer Hilfsmittel. In der Regel machen sie Krach, und das ist das eigentliche Problem. Denn was nützen Ihnen die liebenswertesten Anrainer, wenn sie regelmäßig infernalischen Lärm emittieren. Aber auch hier schafft ein kurzer Zeltaufenthalt schnell Klarheit.

Sollten Kreissäge- und Rasenmähergeräusche schon im Morgengrauen an Ihr Ohr dringen, sollten Karawanen von Gülle- und Holztransportern an Ihnen rumpelnd vorbeirollen, ziehen Sie die Notbremse und Ihre Kaufoption zurück. Das gilt für Antiterroreinheiten, die in Hörweite trainieren, ebenso wie für Lesben ohne musikalische Vorkenntnisse, die sich auf der Nachbarparzelle regelmäßig zu Trommelworkshops einfinden. Krach, egal ob durch ein Bundestagsmandat abgesichert oder unter dem Regenbogenfähnchen zelebriert, ist die größte Gefahr, die auf den Stadtflüchtling lauert. Seien Sie also vor dem Schaden klug. Misstrauen Sie den Beteuerungen von Immobilienmaklern und Hausbesitzern grundsätzlich. Ob ein Objekt tatsächlich in »ruhiger Lage« steht, wissen Sie erst, wenn Ihre Heringe von Montag bis Sonntag in jenem Boden gesteckt haben, der Ihnen Heimat werden soll.

Man kann alles ändern, nur die Lage nicht! Schreiben Sie sich diese simple Weisheit unbedingt mit Lippenstift dick auf die Windschutzscheibe, wenn Sie sich auf die Grundstückssuche machen.

*

Sollte nach ernsthafter Prüfung die Standortfrage zu Ihrer Zufriedenheit geklärt worden sein, ist es an der Zeit, sich der Immobilie selbst zu widmen. Diese Reihenfolge ist wichtig. Denn wie schnell hat man sich in ein Haus verliebt und wird blind gegenüber all den Kümmernissen, die außerhalb seiner Mauern lauern. Gerade Frauen laufen Gefahr, sich bei der Haussuche ihren Leidenschaften hinzugeben. Im Handumdrehen wird mal eben so ein schnuckeliges reetgedecktes Fachwerkhäuschen erworben, obgleich sich bis unter die Schwelle seines antik geschnitzten Eingangstürchens ein atomares Versuchsendlager zieht.

Auch Windkraftfelder und Biogasanlagen werden gerne übersehen. Oder schlimmer noch: aus ideologischen Gründen beim Häuschenkauf billigend in Kauf genommen. Nichts gegen erneuerbare Energien, aber ein Sommer im Schlagschatten beharrlich kreisender Rotorblätter genügt, um selbst den treuesten Anti-AKW-Aktivisten in die Arme der Atomlobby zu treiben.

Natürlich sollen Sie deshalb nicht gleich jede Wellasbesthütte kaufen, die auf freier Flur am Rande eines kaum frequentierten Badesees liegt. Es sei denn, Sie können sich den kompletten Abriss leisten und haben trotzdem noch genügend Mittel, um am selben Platz ein neues Häuschen hinzusetzen. Billig, so viel vorweg, ist beides nicht. Allein die fachgerechte Entsorgung eines Asbestdaches von durchschnittlicher Größe würde einen pensionierten Gymnasiallehrer drei volle Monatsrenten kosten. Und selbst das billigste Fertighaus ist inzwischen nicht mehr für unter 50 000 Euro auf die grüne Wiese zu setzen. Aber im Ernst, wer flieht schon aus der Stadt, um dann auf einem Massa-, Kampa- oder Team-Haus-Vorwand-Tiefspül-WC das Hohelied des ländlichen Lebens zu pfeifen?

Kurzum, für den wahren Aussteiger kommt eigentlich nur die selbst gezimmerte Blockhütte oder die betagte Gebrauchtimmobilie in Betracht. Allerdings geht es alten Häusern oft nicht anders als ergrauten Kriegern. Wo der Zahn der Zeit pittoreske Furchen ins Antlitz zaubert, die Respekt erheischend von siegreich geschlagenen Schlachten künden, pumpt unter der Brust ein müdes Herz mit letzter Kraft das zähe Blut durch längst verstopfte Bahnen.

Natürlich können Sie einen Baugutachter zu Rate ziehen. Oder Architekten, Statiker, Maurermeister und Feng-Shui-Berater aus ihrem Verwandten- oder Bekanntenkreis. Nur bitte, nehmen Sie keinen dieser Experten bereits zu Ihrem ersten Besichtigungstermin mit! Sie werden Sie ohnehin nur für verrückt erklären und jeglicher Illusionen berauben. Denn in der Liga, in der der normale Stadtflüchtling spielt, ist jede zum Verkauf stehende Immobilie – nüchtern betrachtet – abrissreif.

Fürs Erste genügt eine kleine Checkliste: Sind Dach und Schornstein dicht, die Mauern nicht gerissen, grüßt von den Wänden kein Schimmel und steht im Keller kein Wasser, kann man einen Kauf erwägen. Schließlich wollen Sie Ihr Leben ja möglichst rasch umkrempeln und nicht gleich in nervenaufreibenden Baumaßnahmen verheddern.

Ohnedies sollten größere Sanierungsvorhaben behutsam angegangen werden. Denn ohne halbwegs profunde Kenntnis der örtlichen Fördermittel-, Handwerker- und Schwarzarbeiterszene könnten überhastete Aktionen schnell im Fiasko enden.

Und denken Sie daran, dass Sie mit diesem Haus nicht nur ein oder zwei Jahre, sondern vielleicht für den Rest Ihrer Tage auskommen müssen.

Wer glaubt, seinen schöpferischen oder pekuniären Zenit bereits überschritten zu haben, und nur noch in aller Ruhe zu sich selbst kommen will, darf sich gerne mit einer kleinen kuscheligen Hütte begnügen. Anders sieht es freilich bei jenen Umzugskandidaten aus, die vor Tatendrang bersten und sich mit dem Ausstieg nun endlich den langgehegten Traum von der eigenen Töpferscheibe, Seitenwagensammlung, Schnapsbrennerei, Araber- oder Ziegenzucht erfüllen wollen. Sie sollten von vornherein an den Platz denken, den derartig ausgefallene Selbstverwirklichungstrips erfordern.

Nichts geht über einen guten Obstbrand aus dem eigenen Garten. Zwei Eimer Brombeeren oder die dreifache Menge Holunderblüten genügen, um einen Durchschnittstrinker ein volles Jahr vom Spirituosenregal fernzuhalten. Nur leider hat der deutsche Gesetzgeber solchen ehrenwerten Autarkiebestrebungen einen Riegel vorgeschoben (siehe Branntweinmonopolgesetz § 231 Satz 1 BO). Daher ist man gut beraten, seine private Destille vor den Blicken von Postboten, GEZ-Kontrolleuren, Stromablesern und streitsüchtigen Nachbarn zu schützen. Also heißt es, rechtzeitig an einen zweiten, geheimen Kellerraum zu denken.

Und auch wenn das Hobbytöpfern noch nicht auf dem Index der gesetzlich illegalen Aktivitäten steht; auch hier läuft ohne Werkstatt- und Abstellräume nichts. Auch hier ist es besser, gleich großzügig zu planen. Kann doch, was heute mit einer kleinen Müslischale beginnt, schnell mit Tausenden lebensgroßen Tonkriegern enden. Tierhaltung jeder Art verschlingt ebenfalls Unmengen an umbautem und unumbautem Raum. Deshalb sollten Sie sich schon im Vorfeld darüber im Klaren sein, was Sie an Ihrem Zufluchtsort auf lange Sicht eigentlich treiben wollen.

Eine große Scheune, ein trockener Stall sind immer von Vorteil. Und wer noch rüstig und körperlich unversehrt geblieben ist, sollte bei den Angeboten gleich alle Grundstücke von der Liste streichen, die weniger als fünftausend Quadratmeter Fläche vorweisen. Land kann man nie genug besitzen. Denn spätestens seit auch der Chinese seine Leidenschaft für Vollmilch, Eisbein, Sauerkraut und Erbspüree entdeckt hat und wir ganze Weizenfelder in unsere Autotanks gießen, gelten Agrarflächen als heiß begehrte Renditeobjekte.

Ein großes Grundstück ist aber nicht nur eine zukunftssichere Kapitalanlage. Nein, es schützt auch vor bösen Überraschungen. Je mehr Fläche Sie um Ihr Häuschen haben, desto weniger stoßen Ihnen Veränderungen in der Nachbarschaft übel auf. Schnell ist die nette Oma von nebenan weggestorben. Dann kommt der alkoholabhängige Sohn als Alleinerbe und überschreibt Muttis Bauerngarten einem Kampfhundzüchterverein, der ihn als Trainingsgelände nutzt. Spätestens nun bekommt die Frage, ob Sie und das Nachbargrundstück zweitausend oder nur fünfundzwanzig Meter trennen, eine existenzielle Dimension.

*

Zwingend ist der Erwerb einer neuen Bleibe allerdings nicht. Personen, die ohnehin Probleme mit dem Alleinsein haben, wird an dieser Stelle vom Häuserkauf sogar ausdrücklich abgeraten. Wer der Einsamkeit hin und wieder durch Wodka, Telefonstreiche, Chatroomaufenthalte oder Höreranrufe bei Radiodiskussionssendungen zu entfliehen sucht, sollte wahrlich nicht nach einem entlegenen Waldhäuschen fahnden. Eher empfiehlt es sich in diesem Fall, nach Menschen Ausschau zu halten, die ähnliche Probleme plagen. Das gilt auch für Pärchen, die mit dem Besuch von Tangokursen oder Swingerklubs liebäugeln, um ihre eingefahrene Beziehung aufzufrischen. Dagegen gibt es grundsätzlich nichts einzuwenden, schließlich ist der Mensch von Hause aus ein geselliges Wesen und wurde erst durch den zivilisatorischen Fortschritt zum Eremiten.

Ganz gleich, welche Obsession einen fesselt, man kann sicher sein, auch außerhalb der großen Städte auf Gleichgesinnte zu stoßen. Egal ob Rohköstler, Gothic-Fans, Freunde fernöstlicher Metaphysik, Freikörperkulturenthusiasten oder Senioren mit ML-Weltanschauung – keine Spezies, die nicht grüppchenweise an irgendwelchen abgeschiedenen Orten versucht, nach der eigenen Facon glücklich zu werden. Wer hier andockt, kann sich in ein gemachtes Nest setzen und muss sich das Korsett seines neuen Lebensabschnitts nicht mühsam selber schnüren.

Nun aber zurück zum Solo- oder Familienaussteiger mit eigener Scholle und ohne Komplexe. Denn mit dem Kauf eines Häuschens fängt die eigentliche Arbeit erst an. Kommt es doch nun darauf an, das neue Leben zu organisieren.

CHAOS, COMPUTER UND DIE CALLAS
ODER WIE MAN ABSEITS DER ZIVILISATION DEN CULTURE CLASH VERMEIDET

Die Umzugskartons sind abgeladen, die Wände frisch gestrichen, die erste eigene Mülltonne bestellt und der Telefonanschluss angemeldet. Nun kommt das böse Erwachen. DSL geht schon mal nicht. Schlimm genug, dass man sich seinen Kaffee-to-go nun selber brühen und in den mitgebrachten Starbucksbecher gießen muss, jetzt ist er auch noch von der Welt abgeschnitten. Ein Alptraum. Kein brandheißer Hollywoodstreifen lässt sich illegal downloaden, kein Webcamgirl kann ruckelfrei und in Echtzeit ihren Nabel entblößen. Und natürlich sind damit auch alle Chancen, im Schatten grasender Rinder vom iCommerz-Boom zu profitieren, dahin.

Natürlich kann man sich alternativ eine Satellitenschüssel an die Hauswand schrauben und einen Sky-DSL-Vertrag abschließen. Will man damit aber auch noch Fernsehsender empfangen, muss diese Anlage schon XXL-Format haben und speziell aufgerüstet sein. Zudem könnte mit so einem Ding überm Briefkasten schnell der Verdacht entstehen, das normale Satellitenprogrammangebot reicht einem nicht aus. Ruckzuck ist man als muslimischer Extremist verschrien, der sich seinen Hassprediger mit einer Zweitanlage live aus Teheran in die Wohnstube holen will.

Doch egal, ob nun DSL oder nur ISDN, am Internet führt kein Weg vorbei. Gerade wer neu in der Gegend ist oder sich es bereits mit allen Ureinwohnern verscherzt hat, braucht das Netz, um nicht allein im unvermeintlichen Chaos eines Neuanfangs unterzugehen.

Denn was tut man als bäuerlicher Eleve, wenn eines Morgens die Hühner mit verdrehten Hälsen wie tot in selbstgebuddelten Sandlöchern liegen? So etwas kommt immer wieder vor und erschreckte auch schon Exilstädter zu einer Zeit, als die Vogelgrippe unter Deutschen allenfalls in der Pekinger Botschaft ein Pausenthema war und eine Mehrzahl der Bundesbürger noch glaubte, gegen den H5N1-Virus könnten Kondome schützen.

Ohne Computer ist man da aufgeschmissen, denn ein Notbesuch vom Tierarzt kostet vermutlich mehr, als die

Hühner wert sind. Natürlich verdient jedes Tier, das irgendwann auf unserem Teller landet, Respekt und Fürsorge. Aber wer als Landmann bestehen will, muss wenigstens ansatzweise ökonomisch denken. Und hier hilft das Netz. Denn mit Sicherheit gibt es in einem der zahlreichen Kleintierhalterforen einen kundigen Hühnerfreund, der Ihnen mit Rat zur Seite stehen kann. Denn oft sind die vermeintlich großen Schicksalsschläge, die den unerfahrenen Tierhalter ereilen, nur eine ganz normale Pirouette der uns anvertrauten Kreatur.

In der Regel genügt eine halbe Stunde am Bildschirm, um die Angst vor einer drohenden Pandemie zu bannen. Im Falle der halbtoten Hühner, die sich mit letzter Kraft ihr eigenes Grab schaufeln, stößt man in den einschlägigen Foren schnell auf das erlösende Wort »Mauser«. Ein ganz normaler Vorgang also, bei dem das Huhn sein komplettes Federkleid erneuert. Ein Kraftakt freilich, der dem Organismus der Vögel für kurze Zeit so gut wie alle Lebenskräfte entzieht. Nach ein paar Tagen ist der trostlose Anblick Geschichte, und das Huhn legt wieder munter gackernd seine Eier.

*

Sicher, die wenigsten steigen aus, um ihr Leben fortan allein dem Wohlergehen einer Handvoll Hühner zu widmen. Eher sind es ganz egoistische Gründe, die uns aufs Land ziehen lassen.

Der gewöhnliche Stadtflüchtling will sich von den Zwängen des Alltags befreien und die Freiheit in vollen Zügen genießen. Er will bei Vollmond endlich ungeniert an einen Baum pinkeln dürfen, ganz egal ob in der Hocke oder im Stehen.

Gegen solche Sehnsüchte ist auch nichts einzuwenden. Solange man dabei Kant nicht aus dem Auge verliert: »Ein jeder darf seine Glückseligkeit auf dem Wege suchen, welcher ihm selbst gut dünkt, wenn er nur der Freiheit Anderer nicht Abbruch tut«, sagt der Philosoph, der seine prägendsten Jahre in kleinen ostpreußischen Dörfern verbrachte. Was Kant damit meint, ist klar: Urinieren in Sichtweite des Nachbarn ist ebenso tabu wie Rasenmähen am Sonntag oder die gewaltsame musische Missionierung der Landbevölkerung.

Wer glaubt, er muss nur in einer lauen Sommernacht die Callas in Waldbühnenlautstärke durchs Dorf röhren lassen, damit der Nachbar im Erweckungsrausch alle seine Randfichten- oder Wolfgang-Petri-CDs zerbricht, sei gewarnt. Solche Bekehrungsversuche enden böse!

Halten Sie sich zurück, oder Sie können auf der Veranda bald keinen Montepulciano d'Abruzzo mehr entkorken, ohne dass Ihnen dazu eine indexierte Skinheadband ein gewaltverherrlichendes Ständchen bringt.

DUSCHEN UND DEODORIEREN
ODER WAS BEIM DORFTANZ DAIQUIRI-CLASSIC-TRINKERN DROHEN KANN

Für etliche Städter ist der Umzug aufs Land auch ein Abschied von Duschgel und Deoroller. Dafür gibt es viele Gründe. Die sanitären Bedingen etwa, die einem im neuen Heim erwarten. Gerade bei preiswerten Immobilien wird man oft den Eindruck nicht los, sie hätten bis gestern noch im Angebotskatalog eines windigen Locationscouts unter der Rubrik Nachkriegsdeutschland & Flüchtlingselend gestanden. In der Küche lauert ein gemauertes kohlebeheiztes Ungetüm, auf dem man wahlweise seine Wäsche oder die Suppe kochen kann. Daneben lässt der einzige Hahn im Haus nur kaltes Wasser in ein stöpselloses gusseisernes Abflussbecken laufen. Das WC ist keins, sondern ein Plumpsklo, das sich in einem windschiefen Holzverschlag am Stall versteckt. Und die mobile Zinkbadewanne, in die ganze Landarbeiterdynastien ihre verschwitzten Leiber tauchten, wurde vom Vorbesitzer kurzerhand zu einem Blumenkasten umfunktioniert. Verständlich, dass man angesichts dieser Widrigkeiten die Körperpflege auf ein Minimum reduziert. Springt man an lauen Sommertagen noch allabendlich keck in den nahen Badesee oder unter die selbstgebaute Gartendusche, wird im Winter der Waschlappen allenfalls noch vor Sonn- und Feiertagen über schwer zugängliche Körperzonen geschoben.

Aus ökologischer Sicht ist dieses Verhalten vorbildlich, und auch vom medizinischen Standpunkt aus liegt eher im übertriebenen Reinlichkeitsstreben eine Gefahr. Solange also alle Haushaltsinsassen im selben gedehnten Rhythmus zur Seife greifen, kann man guten Gewissens auch mit wenig Wasser friedfertig zusammenleben.

Allerdings gibt es da ein gravierendes Problem. Es ist die mangelnde Autarkie. Denn anders als der Landmann des 19. oder frühen 20. Jahrhunderts, ist der Aussteiger von heute fast immer auf Außenkontakte angewiesen. Selbst bei eigener Tierhaltung und guter Feld- und Gartenwirtschaft kommt man nicht gänzlich ohne Super- oder Baumärkte aus. Auch Arzt- und Behördenbesuche werden irgendwann unumgänglich.

Alteingesessene Landbewohner bereiten sich auf solche Ausflüge gründlich vor. Sie ziehen den Blaumann aus, legen die Kittelschürze ab und duschen sich gründlich. Dann deodorieren sie sich bis zur olfaktorischen Schmerzgrenze ein, springen in die frisch gebügelte Jeans, um anschließend im geputzten Auto in das regionale Einkaufs- und Verwaltungszentrum zu fahren.

Der Exilstädter dagegen scheut den Aufwand. Wer in Stuttgart, München, Köln oder Dresden aufgewachsen ist, bringt Ortschaften mit weniger als 100 000 Einwohnern selbstredend kaum noch Respekt entgegen. Einer Fahrt in die Kreisstadt räumt er etwa denselben Stellenwert ein wie einem Besuch im eigenen Hühnerstall. Und noch etwas zeichnet ihn aus: Er ist stolz auf sein jetziges Dasein, seine alternative Lebensführung und zivilisatorische Rückwärtsgewandtheit. Warum also soll er sich ohne Not wieder in das Mieder der kleinbürgerlich-urbanen Konventionen zwängen? Deshalb trägt er auch bei seinen unvermeidlichen Stadtbesuchen die Insignien seiner neuen schweißtreibenden landwirtschaftlichen Betätigung. Und so trifft man immer wieder in Zahnarztpraxen, an ALDI- oder OBI-Kassen auf unrasierte Menschen in dungverschmierten Birkenstockpantoffeln, die aus ihrem Schlabbershirt heraus ranzig riechen. An diese Auftritte haben sich die Einheimischen längst gewöhnt und quittieren sie allerhöchstens noch mit einem Achselzucken und dem Seufzer »Typisch Berliner!«.

Dieses Etikett bekommen Sie als Stadtflüchtling freilich selbst dann verpasst, wenn Sie überhaupt nicht transpirieren und sächselnd mit Gemsbarthut an der Supermarktkasse stehen. In Nestern, die weniger als drei Autostunden von der deutschen Hauptstadt entfernt liegen, ist der Begriff »Berliner« längst zum Synonym für jede Art Aussteiger geworden.

Wollen Sie hier siedeln, müssen Sie mit dem Stempel leben, ganz gleich woher Sie tatsächlich kommen und wie redlich Sie sich um Anpassung bemühen. Es sei denn, Sie haben mit anderen Gesinnungsgenossen gleich ein ganzes Dorf in Ihre Gewalt gebracht.

Schon drei oder vier Häuser in der Hand von Aussteigern genügen, um die verbliebenen Alteinwohner um ihre Streetcredibility bangen zu lassen. In Panik stoßen sie ihre Häuser zum Schleuderpreis ab. Neue Stadtflüchtlinge greifen zu, ein alternativer Kinderladen (meist an der Aufschrift »Villa Kunterbunt« zu erkennen) oder ein Frauenkreis wird gegründet, und schon gerät das komplette Dorf in Verruf.

Aus »den Berlinern« werden dann »die Wrodower« oder »die Wallmower« oder »die Gorkower«. Die Betroffenen nehmen dieses Stigma gemeinhin gelassen oder gar als Auszeichnung hin. Der Großteil der in benachbarten Gemeinden lebenden Landbevölkerung dagegen beginnt, die so gebrandmarkten Ortschaften weiträumig zu umfahren.

*

Aber bleiben wir noch für einen Moment bei Gerüchen. Denn natürlich ist ein Vorkriegsplumpsklo auf Dauer keine

Lösung. Das wissen selbst die hartgesottensten Neusiedler und nutzen die dunklen Wintertage, um emsig über Alternativen nachzudenken. Keine Probleme werden in Aussteigerkreisen so häufig diskutiert wie die richtige Heizmethode und die beste Fäkalienbeseitigungsstrategie. Vermutlich werden sich früher oder später beide Fragen miteinander verknüpfen lassen. Doch bevor eine eigene preiswerte Biogaskleinanlage dafür sorgen kann, dass sich die Scheiße in Gold bzw. Strom und Wärme verwandelt, wird noch ein wenig Zeit vergehen. Was uns dazu zwingt, beide Aspekte auch hier noch getrennt zu betrachten.

Fangen wir mit dem Wasser an. In Großstädten wie Berlin ist der Kubikmeter Leitungswasser für knapp 4,80 Euro (Stand 2008) zu haben. Darin eingeschlossen ist bereits der Preis für Schmutzwasserentsorgung. Auf dem Land dagegen, wo kleine kommunale Zweckverbände den Markt beherrschen, kann ein Kubikmeter frisches Wasser bis zu 11 Euro kosten. Davon entfallen im Durchschnitt 80 Prozent auf die Abwasserbeseitigung. Über dieses eklatante Preisgefälle zwischen ländlichem und urbanem Nass stolpert der Stadtflüchtling spätestens mit der ersten Jahresabrechnung.

Mit einer alternativen Kleinstkläranlage lassen sich die horrenden Abwasserkosten sparen. Solche Anlagen werden öffentlich gefördert und haben sich bei einem Vierpersonenhaushalt in der Regel spätestens nach fünf bis sechs Jahren amortisiert.

Außerdem kann man auf diesem Weg auch jede Menge interessanter Leute kennenlernen. Ist doch die noch relativ junge Kleinstkläranlagenanbieterbranche in hohem Maße von netten, ökologisch gesinnten und handwerklich begabten Exstädtern unterwandert. Mit fast messianischem Eifer plädieren sie für Wurzelraumentsorgung, sequentielle biologische Reinigung, Mikrofiltration oder gartengerechte Binsenanlagen.

Für welche Lösung Ihres Abwasserentsorgungsproblems Sie sich letztendlich entscheiden, ist dabei fast egal. Genießen Sie die angenehmen Beratungsabende und machen Sie unbedingt von dem Angebot Gebrauch, die in Ihrer Region befindlichen Referenzanlagen zu besichtigen. Denn solche Ausflüge zu anderer Leute Fäkalienentsorgungssystemen sind ebenfalls ein schöner und schneller Weg, Freunde zu finden. Wofür man in der Stadt teure Speed-Dating-Agenturen oder Fitnessclubmitgliedschaften benötigt, bekommt man hier am Güllerohr umsonst: Begegnungen mit anderen Menschen und ein handfestes Thema, um die erste Scheu abzubauen.

*

Soziale Kontakte sind grundsätzlich wichtig. Egal ob in der Stadt oder auf dem Land. Nur können Sie auf dem Dorf Ihr Leben nicht nur angenehmer machen, sondern zuweilen auch retten. Schön ist es, wenn Sie dort wenigstens einen Nachbarn haben, der Ihr Vertrauen genießt, der Ihre Angewohnheiten kennt, der weiß, wann Sie Ihr Brennholz machen, wann Ihr Mittagsschläfchen halten und wann Sie in den Urlaub fahren. So kann er Ihre Päckchen annehmen, Diebe verscheuchen und den Stecker ziehen, falls Ihre Hand in die Kreissäge rutscht.

Es ist schon merkwürdig. In der Stadt liegen Menschen oft jahrzehntelang Ohr an Ohr nebeneinander, hören sich husten, schnarchen, lieben. Und obwohl sie nur eine Wand aus 120 Millimeter dicken Reichsformatziegelsteinen trennt, wechseln sie in der ganzen Zeit kein Wort miteinander. Die Anonymität ist der urbane Normalzustand, soziale Kontakte werden hier nicht durch das Bandmaß bestimmt.

Ganz anders auf dem Land. Auch wenn Sie mehrere hundert Meter von Ihrem nächsten Nachbarn trennen, ignorieren können Sie ihn trotzdem nicht. Schon der Versuch wäre töricht und würde zu Recht als Affront gedeutet werden. In kürzester Zeit wären Sie als arrogantes Arschloch verschrien, ohne dass dadurch das Interesse an Ihrer Person zum Erliegen käme. Im Gegenteil, niemand erweckt so viel Aufmerksamkeit wie ein erklärter Feind der dörflichen Gemeinschaft. Jeder Ihrer Ausrutscher wird mit Häme kommentiert, jeder Knüppel, der auf dem Anger liegt, Ihnen zwischen die Beine geworfen.

Also lassen Sie es erst gar nicht so weit kommen. Ergreifen Sie die ausgestreckte Hand, grüßen Sie immer freundlich als Erster und schauen Sie hin und wieder beim Dorftanz vorbei.

Natürlich sind solche Vergnügungen für jeden Neuankömmling ein Wagnis. Anders als in der Stadt, wo sich die Vergnügungsszene längst völlig atomisiert hat, wo sich für jede Altersstufe, jede sexuelle Ausrichtung, jede Gehaltsklasse und natürlich jeden Musikgeschmack eine eigene Location finden lässt, zwingt das Land seine Bewohner zur Homogenität. Und so ist jeder ordentliche Dorfbums auch immer ein Tanz auf dem Vulkan. Mindestens drei Generationen und ebenso viele Einkommenssteuerstufen sind hier auf engstem Raum vereint. Ein hochexplosives filigranes und teilweise inzestuöses Geflecht aus sozialen Abhängigkeiten. Hier als ahnungsloser Neueinsteiger durch etwaige Extravaganzen glänzen zu wollen ist nicht ratsam. Wo sich eine ganze Ortschaft kollektiv der verminderten Schuldfähigkeit entgegensäuft, sollte man das Tresenpersonal nicht mit dem Wunsch nach einem Cosmopolitan oder einem Daiquiri Classic lähmen.

Und lassen Sie bitte auch den Discjockey in Ruhe seine Arbeit machen. Sicher kennt der Mann auch bessere Songs als den »Holzmichel«, »Die Glocken von Rom« oder die Après-Ski-Version von »Du hast den schönsten Arsch der Welt«. Trotzdem ist er klug genug, hier nicht mit der von Ihnen favorisierten japanischen Independentband aufzuwarten. Die Tanzfläche wäre sofort leer und sein Honorar vermutlich flöten.

Wo der durchschnittliche Blutalkoholgehalt die Zweipromillemarke gerissen hat, kann musikalische Kennerschaft ebenso kontraproduktiv werden wie eine ausgefeilte Tanztechnik.

Froh zu sein bedarf es wenig, und um beim Dorftanz auf dem Parkett zu bestehen, noch weniger. Denn egal welche Musik erschallt, egal wie alt die Paare sind, die sich auf der Tanzfläche drehen – alle Bewegungen folgen demselben Muster. In Fachkreisen wird dieser dörfliche Einheitstanz Discofox genannt. Bekannter ist er freilich unter der Bezeichnung »Eins-Zwei-Tipp«. Obwohl die Regeln denkbar einfach sind, sieht man immer wieder ehemalige Städter oder Städterinnen auf der Tanzfläche aus der Reihe scheren. In Unkenntnis oder aus Dünkel verweigern sie sich dem landläufigen

Tanzstil. Stattdessen hüpfen oder schweben sie mit rudernden Armen übers Parkett, um sich – vom Alkohol zum Leichtsinn getrieben – auch hier als Nonkonformisten zu profilieren. Attraktive junge Frauen können sich so etwas sicher überall leisten, nur welcher Aussteiger fällt schon in diese Kategorie. Sie, lieber Leser, liebe Leserin, würde solch ein introvertiertes Tanzverhalten mit Sicherheit in die Isolation oder in die Notaufnahmestation des Kreiskrankenhauses treiben.

E | EIER UND ELTERNSCHAFT
ODER WAS DIE EVANGELIEN DEM EX-STÄDTER AN BESONDERER ERKENNTNIS BRINGEN

Nichts geht über ein Frühstücksei aus eigner Freilandhaltung. Vielleicht mag es auf den ersten Blick etwas merkwürdig erscheinen, aber wenn Sie auf dem Land wirklich sesshaft werden wollen, brauchen Sie ein Huhn. Noch bevor Sie ernsthaft über die Anschaffung von Katze, Hund oder Pferd nachzudenken beginnen, legen Sie sich Geflügel zu. Ohne eigenes Zutun bekommen Sie jeden Morgen eine schöne, handlich verpackte Portion Proteine, Fette, Kohlenhydrate, Mineralien und Vitamine. Oder, um es mit Wilhelm Busch zu sagen: »Das weiß ein jeder, wer's auch sei, gesund und stärkend ist das Ei!«

Und dabei ist das nur die halbe Wahrheit, denn nicht nur der Leib, sondern auch die Seele kann aus der Hühnerhaltung Nutzen ziehen. Gerade labilere Gemüter tun sich mit der

Notwendigkeit schwer, ihren ländlichen Alltag zu strukturieren. Das fängt schon mit dem frühen Aufstehen an. Hart ist es besonders an den kalten und dunklen Wintertagen. Hühner können Ihnen hier auf ganz subtile Weise helfen, den inneren Schweinehund zu besiegen.

Während Sie vielleicht noch aus Gewohnheit 4.55 Uhr durch die Tiefschlafphase gleiten, beginnt der Hahn werksirenengleich seinen verlässlichen Dienst. So unüberhörbar gemahnt, bleibt Ihnen kaum etwas anderes übrig, als sich dem ländlichen Rhythmus zu fügen und Ihr Tagwerk zu beginnen. Wer jetzt aber glaubt, Geflügel sei nur etwas für schwache, masochistisch veranlagte Naturen, irrt. Denn selbst auf wettergegerbten Altbauerngesichtern ist an frostigen Februarmorgen ein sanft-seliges Lächeln zu entdecken, wenn die klammen Finger sich an einem frisch gelegten Hühnerei der Größe XXL wärmen können.

Überhaupt gibt es kaum ein anderes Tier, das Ihr Leben auf so vielfältige Weise und mit so wenig Aufwand bereichern kann wie das Huhn. Auch am Wunder der Schöpfung lässt es uns ohne Blutvergießen und Arztkosten teilhaftig werden. Vorausgesetzt, dass Ihren Hennen der Bruttrieb noch nicht gänzlich abhanden gekommen ist. Immerhin verspüren inzwischen 98 Prozent der EU-Hühner keinerlei Bedürfnis mehr zu glucken. Diese hohe Zahl an Brut-Totalverweigerinnen ist nicht verwunderlich. Leben doch allein in Deutschlands Legebatterien 50 Millionen gezielt auf uneigennütziges Eierabwerfen hochgezüchtete Hennen.

Also kaufen Sie Ihr erstes Federvieh nicht irgendwo, sondern auf einem Bauernhof Ihres Vertrauens. Dann sollte es auch mit der Fortpflanzung klappen. Jedenfalls, wenn Sie zu den Hühnern auch einen Hahn erwerben.

Hühner zeichnen sich durch Großmut aus. Jedes Küken, das unter ihren Federn die Schale durchbricht, erkennt die gluckende Henne als ihr eigenes an. Von so viel Barmherzigkeit dürfen Sie ruhigen Gewissens profitieren. Sobald das Huhn zu brüten anfängt, schieben Sie ihm einfach alle Eier unter, der Sie habhaft werden können.

Nach 21 Tagen beginnt der Nachwuchs zu schlüpfen. Und mit Sicherheit wird die Rührung auch Sie ergreifen, wenn sich die ersten gelben oder schwarzen Federbällchen unter dem Gefieder der Mutter hervorschieben. Aber Vorsicht! Liegt doch selbst über dieser possierlichen Szenerie bereits der Schatten der Vergänglichkeit. Memento mori! Schließlich wird die Hälfte der Küken binnen eines halben Jahres tot in der Pfanne liegen. Und der Sensenmann sind Sie. Jedenfalls, wenn Ihnen der Friede auf dem Hof am Herzen liegen sollte. Denn im Regelfall ist jedes zweite Küken männlichen Geschlechts. Da dem Erzeuger väterliche Gefühle völlig fremd sind, brechen spätestens mit der Geschlechtsreife der Junghähne erbitterte Revierkämpfe aus. Entweder Sie organisieren jetzt gewinnbringende Hahnenschaukämpfe, oder Sie greifen zur Axt.

*

Aufwändig ist die Geflügelhaltung nicht. Täglich eine Handvoll Weizenkörner pro Huhn und eine Schüssel Wasser für alle genügen. Natürlich gibt es in jedem Futtermitteldepot unzählige Spezialmischungen, um die Legeleistung in die Höhe zu treiben. Lassen Sie aber lieber die Finger davon. Doping sollte sich auf den Sport beschränken. Getunte Hühner haben im Garten nichts zu suchen. Ein Komposthaufen, auf dem täglich frische Küchenabfälle landen, ist nicht nur gesünder, sondern auch wirkungsvoller als das genmanipulierte Kraftfutter, das Ihnen der Händler in der Regel offeriert. Und auch bei der Unterbringung der Tiere sollten Sie alle Übertreibungen vermeiden. Ein kleiner Holzverschlag reicht völlig aus. Vorausgesetzt, er verfügt über Hühnerleiter, Schlafstange und zwei bis drei strohgepolsterte Eierabwurfstellen. Zwingend ist das alles nicht. Verbringt doch von Natur aus das Huhn seine Nächte auf Bäumen. Wer den Tieren also weder die Flügel beschneidet noch einen Stall mit Stange zimmert, wird sie auch in harten Winternächten glücklich in den Kronen seiner Holunder- oder Fliederbüsche sitzen sehen.

Solch eine waldursprüngliche Hühnerhaltung schaut zwar spaßig aus und lässt auch dem Fuchs keine Chance, doch ist ihr Nutzen fraglich. Die Eier liegen an allen möglichen Orten, die Tiere lassen sich durch keinen Zaun aufhalten, plündern den Garten, beschmutzen die Veranda und sind zudem kaum in den Topf zu bekommen.

Kurzum, wer von seinen Hühnern mehr erwartet als das Rollback Jahrtausende währender Domestizierungsbemühungen, sollte ihnen ein kleines Heim schenken und eine große Auslauffläche dazu. Ein geschütztes Plätzchen, an dem Hahn und Hühner ungestört nach Insekten suchen, im Sand baden und sich begatten können.

Noch ein letztes Wort zum Hahn. Vergessen Sie das liebliche Kikeriki aus Kinderhörkassettentagen. Unter Hähnen ist der Sinn fürs Melodische ebenso selten anzutreffen wie beim Casting von »Deutschland sucht den Superstar«. Junge Tiere beginnen leise, steigern sich dann unsicher und stotternd zu einem heiseren brüchigen Geröchel, welches immer wieder abrupt unterbrochen wird. Reifere Hähne dagegen holen nur einmal Luft und sind dann sofort auf Winkelschleiferniveau. Was aber noch längst nicht heißt, dass sie nach dem ersten Schrei Ruhe geben. In kurzen Intervallen wird der Weckruf wiederholt. Sind mehrere Hähne im Dorf, wird das Krähen schnell zu einem vielstimmigen Kanon. Ein akustischer Schlagabtausch, der sich über Minuten zieht und beileibe nicht nur im Morgengrauen ausbrechen kann.

Natürlich gibt es immer wieder Mitmenschen, die dagegen opponieren. Und sollten Sie dummerweise Ihr neues Heim in einer Gemeinde gefunden haben, die sich nicht mehr als dörflicher Wirtschaftsraum, sondern als reines Wohngebiet begreift, haben Sie und Ihr Hahn schlechte Karten.

So klagte eine Frau aus einer norddeutschen Eigenheimneubausiedlung gegen einen alteingesessenen Bauern aus der Nachbarschaft auf Unterlassung der Beeinträchtigung ihres Eigentums, weil sie sich von dessen zwei Hähnen ihres Schlafes beraubt sah. Der Richter des zuständigen Amtsgerichts im niedersächsischen Zeven gab der Klage statt und zeigte dem Bauer die rote Karte: »Der Beklagte wird verurteilt, es zu unterlassen, auf seinem Grundstück Hähne in der Weise zu halten, dass deren Krähen auf dem Grundstück der Klägerin in der Zeit von abends 20.00 Uhr bis morgens 7.00 Uhr werktags und bis morgens 8.00 Uhr samstags sowie an Sonn- und Feiertagen hörbar ist.«

Das Urteil, das in Zeven unter der Geschäftsnummer 3 C 216/00 komplett einzusehen ist, liest sich nicht nur wie eine Kriegserklärung an die Natur, sondern sägt darüber hinaus auch noch an den Wurzeln der christlich-abendländischen Kultur.

Hahnengeschrei als Lärmemission einzustufen kann nur geschichts- und gottlosen Technokraten einfallen. Schließlich werden der Hahn und sein Gekrächze schon in der Bibel als legitime Fixpunkte unseres irdischen Seins benannt. Schlagen Sie bei Matthäus, Kapitel 26 nach und lesen, was Jesus seinem Jünger Petrus prophezeite: »Wahrlich, ich sage dir, dass du in dieser Nacht, ehe der Hahn kräht, mich dreimal verleugnen wirst.«

Hätten in Judäa damals niedersächsische Amtsrichter das Sagen gehabt, hätte Petrus nach seinem Meineid keinen Laut vernommen. Kein Hahn hätte ihn je zur Reue ermahnen können, und Weltkirche und Papsttum wären ihres Gründungsvaters beraubt gewesen.

FISCHEN UND FRATERNISIEREN
ODER WARUM ES EIN FEHLER WÄRE, NICHT MIT MAO EINIGE FÄDEN ZU SPINNEN

Es kann gar nicht oft genug gesagt werden, Landbewohner sind zur Solidarität verdonnert. Als permanent schrumpfende Minderheit werden sie von den Parteien ignoriert. So müssen sie ihre Interessen wohl oder übel außerparlamentarisch vertreten. Sicher gibt es die Bauernverbände, die mit schöner Wiederkehr vor drohenden Fördermittelkürzungen warnen und höhere Erzeugerpreise einklagen. Doch wäre es ein Trugschluss anzunehmen, dass die Interessen der organisierten Agrarproduzenten zwangsläufig mit denen der Landbevölkerung identisch sind. Zwölf Prozent der Deutschen, also knapp zehn Millionen Menschen, leben außerhalb der Städte. Doch nur 382 000 Arbeitskräfte finden in der Landwirtschaft heute noch eine Vollzeitbeschäftigung. Selbst mit Saisonkräften und Teilzeitarbeitern liegt der Anteil der Erwerbstätigen in der deutschen Landwirtschaft bei nicht einmal drei Prozent. Die übergroße Mehrheit der Landbewohner profitiert also weder von EU-Subventionen noch von laxen Gentechnikgesetzen. Im Gegenteil, denn immer öfter wird die gerade industrialisierte Landwirtschaft zur eigentlichen Bedrohung für das dörfliche Leben.

Also, glauben Sie nicht, dass Sie der Einzige sind, den es stört, wenn in Ihrer Nachbarschaft plötzlich eine alte DDR-Schweinemastanlage reaktiviert oder ein Versuchsfeld der Bayer CropScience AG angelegt wird. Egal ob 80 000 arme Schweine oder 100 Hektar genmanipulierter Mais, der Widerstand gegen solche Art vermeintlich zeitgemäßen Landwirtschaftens dürfte inzwischen in jedem deutschen Dorf mehrheitsfähig sein.

Begehen Sie aber auf keinen Fall den Fehler und stellen sich als frisch angereister Aussteiger an die Spitze der Protestbewegung. Ihre Gegner hätten ein leichtes Spiel, könnten, mit Verweis auf Extraordinäres wie Haarschnitt, Kleidung,

Tanz-, Wasch- und Sexualverhalten Ressentiments schüren. Deshalb heißt es auch hier, vor dem Schaden klug sein! Warten Sie also nicht, bis das Ungemach am Ortseingangsschild auftaucht, sondern suchen Sie rechtzeitig den Kontakt zur Dorfbevölkerung. Halten Sie sich an die alte Mao-Weisheit: »Der Revolutionär muss sich in den Volksmassen bewegen wie ein Fisch im Wasser.«

Werden Sie deshalb Mitglied im örtlichen Angelverein. Schon der zweiwöchige Lehrgang zum Erwerb des Fischereischeins bietet erste Gelegenheit, mit der alteingesessenen Bevölkerung Tuchfühlung aufzunehmen. Anders als in der Dorfschenke oder Dorfdisco trübt hier nicht der Alkohol den Blick. 30 Stunden allgemeine und spezielle Fisch-, Geräte-, Gesetzes- und Gewässerkunde dürften genügen, um sich ein grobes Bild vom regionalen Renitenzpotenzial zu machen. Wie steht die Runde zum gesetzlichen Verbot des Angelns mit lebenden Köderfischen? Werden die entsprechenden Ausführungen des Dozenten mit bravem Nicken oder mit höhnischem Grinsen quittiert? Haben Sie es also mit sanftmütigen gesetzestreuen Mitbürgern oder doch eher mit raubeinigen Staatsverächtern zu tun?

Wenn Sie schließlich Ihren Fischereischein besitzen und halbwegs einschätzen können, woran Sie bei Ihren Nachbarn sind, geht es an den Netzwerkbau. Ziehen Sie Ihre Fäden, damit Sie spinnengleich die neue Idylle gegen jede Bedrohung wirksam verteidigen können. Vergessen Sie Lokalzeitung und Radio. Die wirklich wichtigen Nachrichten wandern auf dem Lande noch immer von Mund zu Mund. Sollen die auch Ihr Ohr erreichen, ist es unvermeidlich, in die informellen Strukturen Ihrer neuen Heimat einzutauchen. Nutzen Sie die Vereinsaktivitäten, um ans dörfliche Informationssystem anzudocken. Und falls Fisch Ihnen nicht schmeckt, versuchen Sie es bei den Kaninchen-, Tauben- oder Rassegeflügelzüchtern, beim Kegel-, Reit- oder Sportschützenverein.

G GELD UND GLÜCK
ODER WIE GESETZESKONFORME GESCHÄFTE AUCH FERN DER GROSSSTADT DAS GIROKONTO FÜLLEN

Nun ist es an der Zeit, sich einem der problematischsten Aspekte des Landlebens zu stellen – dem Geld.

Der wahre Aussteiger streift mit seiner Flucht aus der Stadt selbstredend auch alle beruflichen Fesseln ab, die ihn bis dahin drückten. Aber es gibt natürlich auch Zauderer, die hoffen, ihre Arbeit ließe sich reduzieren, mit zwei, drei Fahrten in der Woche locker auch vom Dorf aus bewältigen. Sollten Sie ähnliche Gedanken hegen, lassen Sie sie fallen.

Nichts ist belastender als solch ein Leben zwischen Baum und Borke. Denn aus zwei bis drei werden natürlich vier bis fünf Fahrten, und dann ist schnell der Punkt erreicht, wo Sie es leid sind, 23 Stunden und 46 Minuten in der Woche auf der Autobahn zu verbringen. Trotz der Massagesitzauflage, die Sie zu Weihnachten geschenkt bekommen haben. Also schaffen Sie sich eine kleine Stadtwohnung an, in der Sie dann nach Feierabend einsam hocken und Ihren Kummer mit einer Flasche ertränken. Entweder Ihr Leben endet freudlos mit einer Leberzirrhose, oder Sie schlittern in eine Affäre, suchen Trost bei einer Person, die Ihre beruflichen Interessen teilt.

Ihre Lieben daheim werden dafür kein Verständnis haben und Ihnen die Koffer vor die Landhaustür stellen.

Natürlich gibt es auch tolerante Partner, die solch einen Seitensprung verzeihen. Lass-uns-in-Ruhe-drüber-reden-Gatten oder -Gattinnen, die nach endlosen Rundtischgesprächen zu dem weisen Schluss kommen, dass es vielleicht doch besser wäre, die Nächte auch unter der Woche gemeinsam im Bett zu verbringen. Und schon wird flugs, weil »die Sache mit dem Haus auf dem Land vielleicht doch nicht so eine gute Idee gewesen war«, in den Gelben Seiten nach einem Umzugsunternehmen geblättert. Kurzum, als dauerpendelnder Möchtegernaussteiger sind Sie entweder in absehbarer Zeit verschieden, oder aber die Stadt hat Sie und vermutlich auch Kind und Kegel wieder.

Deshalb soll es hier und jetzt um alternative Verdienstmöglichkeiten gehen, um die Erschließung von unorthodoxen Einkommensquellen, um die paar Euros also, die Sie brauchen, um auf dem Land ein glückliches Dasein zu fristen.

*

Fangen wir mit einer kurzen Bestandsaufnahme an. Schließen Sie die Augen und führen Sie den Zeigefinger Ihrer linken Hand an die Nasenspitze. Anschließend beantworten Sie folgende Frage mit Ja oder Nein.

Haben Sie Ihre Nasenspitze getroffen oder nur um weniger als vier Millimeter verfehlt?

Lautet Ihre Antwort Ja, dürfen Sie zur nächsten Selbsterkenntnisfrage schreiben. Bei Nein warten Sie, bis Ihr Blutalkoholgehalt doch wieder unter 0,9 Promille gesunken ist. Schließlich geht es hier um ein ernstes existenzielles Problem. Spüren Sie allerdings einen leichten Druck auf der Nasenspitze, ordnen Sie sich umgehend einer der folgenden Gruppen zu.

1. Kann mehr als 73 Liegestütze und einen Nagel ohne Blutvergießen in die Wand einschlagen.
2. Ich weiß, was HTML ist.
3. Ich möchte irgendwas mit Kunst machen.
4. Bin blond, jung, schön und habe Körbchengröße D.
5. Nichts von allem trifft auf mich zu.

Nun dann. Lieber Typ 5, Sie müssen sich nicht grämen. Sie sind nicht allein. Ihr Profil entspricht dem eines typischen Aussteigers. Gerade Menschen, die sich eher unscheinbar und ohne große Talente durch ihr Leben wursteln, präferieren den Ortswechsel, um ihrem Sein einen neuen Sinn zu geben. Hoffen, dass ihnen in der Fremde der Sprung von der Raupe zum Schmetterling endlich gelingt.

Aber Vorsicht! Zwar ist unter den Blinden der Einäugige König, und wer bei der Miss-Hannover-Wahl 1999 Platz 41 belegt hat, kann bei guter Führung und der richtigen Anti-Aging-Creme 2011 in Teltow-Fläming vielleicht sogar das Podest erklimmen. Doch wachsen im Fokus der Provinz nicht nur zweitklassige Talente auf ein regionales Spitzenformat. Nein, auch von der Großstadt bislang halbwegs absorbierte Handicaps rutschen nun aus der Anonymität ins dörfliche Rampenlicht.

Stellen Sie sich also vor, Sie öffnen die Tür und schauen in das freundlich lächelnde Gesicht der 15-jährigen Nachbarstochter, die Ihnen von Mutti ausrichten soll, dass der Apotheker aus P. gesagt hat, dass jetzt endlich die teure Hämorridensalbe eingetroffen ist, die Sie doch schon vor zehn Tagen bei ihm bestellt hatten. Wenn Sie in so einer Situation mit einem »Prima, danke!« und »Schönen Gruß an die Mutti auch!« die Tür schließen können, ohne dass sich Ihr Gesicht verfärbt, haben Sie nichts zu befürchten. Ihre soziale Kompetenz ist robust genug, um sich im ländlichen Raum auch ohne besondere Qualifikation umgehend eine neue Existenz aufzubauen. Vielleicht versuchen Sie es mit einem Spätverkauf, als Wasserzählerableser oder Rundfunkgebührenbeauftragter.

Sollten Sie jedoch angesichts der frohen Botschaft rot anlaufen, ins Stottern geraten oder total verstummen, ordern Sie Ihre Arznei besser gleich im Internet und sehen Sie zu, dass Sie Ihren Garten in Schuss bekommen. Um sich in den Niederungen des dörflichen Miteinanders zu behaupten, ist übertriebene Schamhaftigkeit nur hinderlich. Wollen Sie trotzdem am Ort bleiben und dazu noch, wie Sie sind, müssen Sie den Gürtel enger schnallen und versuchen, als kontaktscheuer Selbstversorger über die Runden zu kommen. Kümmern Sie sich also vor allem um winterfestes Gemüse, lagern Sie Äpfel, Möhren, Sellerie und Kartoffeln in ausreichender Menge ein und lernen Sie, Gift- von Speisepilzen zu trennen.

Nun zu Typ 1. Sie haben nichts zu fürchten. Abgesehen vielleicht vom Finanzamt oder vom Zoll, denn in Ihrer Erwerbsbiografie wird nun ein Kapitel aufgeschlagen, in dem Leistungsmissbrauch und Steuerhinterziehung mehr als nur Fußnoten sind.

Sie sind, so viel steht fest, körperlich fit und handwerklich begabt. Und trotzdem fällt es Ihnen schwer, in Ihrer neuen Heimat ein sozialversicherungspflichtiges Beschäftigungsverhältnis zu finden? Kann alles passieren, schließlich hat bereits Karl Marx festgestellt, dass »die Nachfrage an ländlicher Arbeitsbevölkerung abnimmt, sobald sich die kapitalistische Produktion der Agrikultur bemächtigt«. Das heißt, selbst in Zeiten einer boomenden Konjunktur haben Sie als Dorfbewohner nur eine Chance, wenn Sie – um noch einmal Marx zu bemühen – »den Sprung ins städtische Proletariat« wagen. Das aber käme in unserem Fall einer Rolle rückwärts gleich, wäre eine feige Kapitulation vor der scheinbaren Allmacht ökonomischer Zwänge.

Nein, auch wenn der Fallmanager Ihrer nunmehr zuständigen Arbeitsagentur mit der Stiftablage schmeißt, bleiben Sie gelassen und vor allem immobil. Scheuen Sie sich nicht, erst einmal die Ihnen zustehenden Solidarleistungen abzufordern. So gewinnen Sie Zeit, um Ihr neues Heim herzurichten und sich mit dem regionalen Markt vertraut zu machen. Denn hier liegt Ihre Zukunft. Sind Sie doch durch Ihr persönliches Profil für eine Karriere als Unternehmer bestens prädestiniert.

Damit Sie eine ungefähre Vorstellung von den Möglichkeiten bekommen, die sich mit dem Schritt in die Selbstständigkeit für Sie auftun, sei hier ein Beispiel aus dem Bereich regenerative Energien, Adventure Design & Health Care Management gewählt.

Wenn Sie keine Angst vor Zeckenbissen haben und tatsächlich mehr als 73 Liegestütze schaffen, sind Sie dafür genau der richtige Mann. Vorausgesetzt, Sie wohnen in einer waldreichen Region und haben die ruhige Phase ihres ALG I–Empfängerlebens genutzt, um bei einem ortsansässigen Forstwirt eine Sägeführerlizenz zu erwerben. Auch für einen urban sozialisierten Hochschulabsolventen sollte dies an einem Wochenende möglich sein.

In Ihrem neuen Business können Sie die Gewinnspanne nach eigenem Belieben nahezu grenzenlos in die Höhe schrauben. Ihr Profit resultiert aus der Differenz zwischen dem Preis, den ein Waldbesitzer oder Förster für einen abholzreifen Baum fordert, und dem Verkaufserlös, den Sie mit dem daraus gewonnenen Brennholz erzielen können.

Allein wenn Sie das Holz hausfrauengerecht zerkleinern und auf Ihrem Hof zwei bis drei Jahre trocken lagern, steigt sein Preis um das Fünf- bis Achtfache. Damit sollten Sie sich aber nicht zufriedengeben. Denn bei einer entsprechenden Kundschaft lässt sich Ihr Profit spielend verdoppeln. Gerade vermögende großstädtische Ferienhausbesitzer sind dankbar, wenn sie in ihren italienischen Renaissancekamin nicht nur schnödes Heizmaterial stecken müssen. Nein, diese Klientel dürstet nach historischer Authentizität, nach spiritueller Erbauung und reißt dafür gerne das Portemonnaie weit auf.

Besorgen Sie sich von einem alten russischen Militärübungsplatz Granatsplitter und Patronenhülsen und legen

Sie diesen Plunder in homöopatischer Dosierung dem Kaminholz bei. Wenn Sie dann noch gut sichtbar in Ihrer Küche eine alte Flurkarte aus der Region aufhängen und darauf die tatsächlichen oder möglichen 45er Rückzugswege der deutschen Wehrmacht markieren, ist Ihr Scheitholz auratisch nicht mehr zu toppen. Für einen halben Zentner Weltkriegsendkampfeiche dürfen Sie gut und gerne 90 Euro verlangen. Ähnliche Pakete lassen sich auch für andere Themengruppen schnüren. Buche entfaltet beim Verbrennen einen Geruch, der sensible Stadtnasen an deftig hausgeräucherte Landwurstwaren erinnert. Was hindert Sie also daran, das Laubholz unter dem Label »Pommernduftbuche« einzutüten?

Esche ist zwar schwer zu hacken, beschert einem aber ein besonders schönes und langlebiges Flammenbild. Damit ist es genau das Kaminholz, nach dem ein fröstelnder Metropolenbewohner nach einem ausgedehnten Herbstspaziergang lechzt.

Esche ist auch bestens geeignet, um Kunden mit neuheidnischer Gesinnung das Geld aus der Bomberjacke zu ziehen. Denn für den wahren Teutonen kommt überhaupt kein anderes Holz in Frage, wenn es darum geht, die gute Stube brauchtumsgerecht aufzuheizen. Selbst die deutsche Eiche kommt gegen dieses Gehölz nicht an. Schließlich galt die Esche den alten Germanen als heiligster aller Bäume. Yggdrasil, das Ross des Schrecklichen, nannten sie die Weltenesche, deren Zweige sich weit über den Himmel erhoben und deren Wurzeln bis ins Totenreich stießen. Aus dem Holz der Esche schuf Gott Odin den ersten Mann. Grund genug also, um ein Teil der Eschenscheite in runenbeschrifteten Edda-Packs für die Freunde altgermanischer Mythen zum Aktionspreis von 88 Euro zu bündeln.

Womit wir auch schon bei der Esoterikerfraktion wären, der Sie getrost die unsortierten Hartholzreste als Yin-und-Yang-Abfüllung im Jutesack anbieten können. Steht doch nach der altchinesischen Fünf-Elemente-Lehre das Holz für den Aufbruch. Und damit nicht genug, in der traditionellen chinesischen Medizin sind dem Holz das Yin-Organ Leber und das Yang-Organ Gallenblase zugeordnet. Wirft man es in den Kamin, wird es zum Element Feuer mit dem Yin-Organ Herz und dem Yang-Organ Dünndarm. Kurzum, mit Ihren Holzabfällen ist auch der Naturheilkundefreund, ganz gleich ob Alkoholiker oder Infarktkandidat, bestens gewappnet.

So weit zur Vermarktung. Bleibt die Frage, wie Sie ganz alleine genügend Bäume für diesen heterogenen Kundenkreis portionieren sollen. Dazu erfahren Sie im nächsten Kapitel mehr, denn jetzt müssen wir uns erst einmal um die Zukunftsängste von Typ 2, 3 und 4 kümmern.

*

Hallo, Typ 4! Körbchengroße D. So wie Sie aussehen, fragt man sich schon, was Sie auf dem Land eigentlich verloren haben. Das Dorf ist als Laufsteg denkbar ungeeignet. Aber vielleicht ist es ja gerade das, was Sie suchen. Ein Plätzchen, wo Sie nicht auf Schritt und Tritt von Männeraugen entkleidet und von weiblichen Blicken stranguliert werden, wo selbst Ihre Anmut von der Schönheit der Natur in den Schatten gestellt wird. Wenn Sie also tatsächlich der Stadt entflohen sind, um nicht länger libidinös fixierten Mitmenschen als Punchingball zu dienen, dann müssen wir uns etwas einfallen lassen. Natürlich hätten Sie, Typ 4, überhaupt kein Problem, im lokalen Dienstleistungsgewerbe eine Festanstellung zu finden. Aber mit einem Job als Kellnerin in der Dorfschenke wäre Ihnen vermutlich auch nicht geholfen.

Am besten, Sie verbünden sich mit einem Stadtflüchtling vom Typ 2. Einem Computer- und Internetfreak also, der die ländliche Idylle nutzen will, um in aller Ruhe von Pontius zu Pilatus surfen zu können. Wer tatsächlich weiß, was HTML ist, sollte sich auch problemlos einen eigenen Webauftritt zusammenzimmern können. Mit solchen Talenten sind die wenigsten Landbewohner gesegnet. Nutzen Sie also diesen Standortvorteil, teilen Sie sich die Kosten für die Installation einer DSL-Satellitenanlage und steigen Sie gemeinsam in die boomende E-Commerce-Branche ein.

Wenn Sie, liebe Vertreterin von Typ 4, jetzt entrüstet Ihr blondes Haupt schütteln, weil Sie fürchten, sich ohne Körbchen fortan lasziv vor einer Webcam verrenken zu müssen, liegen Sie falsch. Denn dafür hätten weder Sie noch Ihr neuer Geschäftspartner der Stadt den Rücken kehren müssen. Die Symbiose von Typ 2 und 4 ist nur dann wirklich revolutionär, wenn sie neben einer – zugegeben nicht zu unterschätzenden – erotischen Komponente auch auf die Archaik Ihrer neuen Lebenswirklichkeit zielt.

Da schon einfache Standaufnahmen von halbleeren Storchennestern im Internet sechsstellige Zugriffsraten erreichen, müsste der Webauftritt einer attraktiven Jungbäuerin von den User-Scharen geradezu gestürmt werden. Ein kleiner Verwaltungsangestellter, der seinen tristen Büroalltag dadurch erhellen kann, dass er zur Frühstückspause Ihnen beim Eierholen und Hühnerfüttern auf die eng anliegende Country-Look-Bluse schauen darf, wird sich dafür sicherlich mit einem entsprechenden Obolus bedanken. Wenn Sie, liebe Vertreterin von Typ 4, sich dann auch noch befleißigen würden und diese Arbeit nicht als virtuelle Prostitution, sondern als Beitrag zur Propagierung einer ethisch-biologisch korrekten agrarischen Produktionsweise ansehen könnten, dürfte Ihrem dörflichen Glück nichts mehr im Wege stehen.

Nachtrag: Lieber Typ 2, wenn es Ihnen nicht vergönnt ist, mit einer blonden Körbchengröße-D-Trägerin eine Geschäftsbeziehung einzugehen, versuchen Sie es mit einer Brünetten in C oder einer Rothaarigen in B oder aber beschränken sich ausschließlich auf Hahn und Hühner.

*

Was jetzt noch fehlt, ist eine Geschäftsidee für Typ 3. Für Aussteiger also, die ihr Heil in der Kunst finden wollen. Sie allerdings sind eine ganz besondere Spezies und sollen deshalb später ausführlich in einem Extrakapitel Berücksichtigung finden.

HEIZEN UND HEULEN
ODER WARUM HAUSTIERE, DIE AUF DEM HERD ENDEN, NICHT HANSI HEIßEN KÖNNEN

Über Holz wurde ja bereits im letzten Kapitel gesprochen. Und darüber, wie wichtig in Aussteigerkreisen das Problem der Wärmegewinnung genommen wird, sind einige Sätze im Zusammenhang mit der privaten Fäkalienentsorgung gefallen. Trotzdem kann man sich diesem Thema nicht oft genug zuwenden. Denn Klimakatastrophe hin oder her, noch immer können uns Winter heimsuchen, in denen das Thermometer unter null Grad fällt. Vermutlich wird es Ihnen nicht gelingen, Ihr frisch erworbenes Heim vor den ersten Herbststürmen mit einer neuen Heizung auszurüsten. Das sollte es auch gar nicht. Schließlich erfordert so ein Projekt vorab eine gründliche Kosten-Nutzen-Analyse. Also gehen wir erst einmal davon aus, dass Sie nichts weiter als ein paar alte Kachelöfen vorzuweisen haben, um dem ersten Winter Ihres neuen Landlebens zu trotzen.

Wenn das so ist, kann man Ihnen gratulieren. Es hätte schlimmer kommen können. Oft findet man Immobilien, in denen der vorherige Eigentümer, entnervt vom Ausbau, das Handtuch warf. Die alten Öfen sind raus, und die Installation der neuen Pellet-Solar-Heizung wurde bereits im Planungsstadium abgebrochen. Andere Häuser wiederum wurden in Zeiten saniert, als man elektrische Energie noch zu Schleuderpreisen anbot. Stromfressende Nachtspeicheröfen verbrennen nun die Euroscheine im Stundentakt. Aber auch Gas- und Ölheizungen der ersten Generation können Sie in den Ruin treiben.

Die Geschichte der Heiztechnik mäandert ähnlich wirr wie die der Politik. Oft entpuppt sich mit wachsendem historischen Abstand ein vormals als fortschrittlich gepriesenes System als desaströser Rückschritt. Seien Sie deshalb nett zu Ihren Kachelöfen und lassen möglichst noch im September einen Ofensetzer kommen. Denn mit Sicherheit gibt es hier und dort poröse Stellen, schließen Ofentüren schlecht, müssen verstopfte Züge gereinigt werden. Ist das getan, kann der Winter kommen.

Natürlich gibt es bei dieser Form der Wärmegewinnung jede Menge Nachteile. Morgens müssen nicht mehr nur die Hühner, sondern auch die diversen hausinternen Feuerstellen gefüttert werden. Asche lagert sich auf den Möbeln ab, und an jedem dritten Tag vergisst man, die Ofentüren rechtzeitig zuzuschrauben. Andererseits gibt es kaum ein wohligeres Gefühl, als sich an frostigen Abenden den Rücken an heißen Kacheln zu reiben. Und ein warmer Ziegelstein, der aus der Ofenröhre unters Federbett wandert, hilft einem, selbst in ungeheizten Räumen schnell in den Schlaf zu gleiten.

Freilich ist der Kachelofen nicht die Ultima Ratio der ländlichen Heiztechniken. Aber solange eine wirklich befriedigende Lösung des Problems nicht in Sicht ist, sich die Anhänger der Holzvergasertechnik mit den Befürwortern von Wärmepumpen streiten, Traditionalisten auf bayrische Grundbrandöfen verweisen, während Fortschrittsfanatiker darauf setzen, mit Hightechkesseln das Kostenproblem auch bei Öl- und Gasheizungen in den Griff zu bekommen, können Sie als Altofenbesitzer gelassen bleiben.

Außerdem gilt für die Heizung dasselbe wie für jede andere Großinvestition: Es muss sich rechnen! Eine halbwegs moderne Heizung kostet gut und gerne 20 000 Euro. Nehmen wir an, Sie stehen in der Blüte Ihres Lebens, werden also noch gut 35 Winter erleben. So lange hält auch der beste Heizkessel nicht durch. Für den Austausch werden also noch einmal 15 000 Euro fällig. Im Vergleich zu den Kachelöfen werden Sie beim Heizmaterial selbst mit der modernsten Anlage kaum etwas sparen. Unterm Strich geben Sie also für den Rest ihres Lebens jährlich 1000 Euro für ein wenig mehr an Bequemlichkeit aus. Vielleicht wird Ihnen täglich eine halbe Stunde geschenkt, weil Sie nicht mehr mit dem Kohleeimer von Ofen zu Ofen ziehen müssen. Das sind bei einer durchschnittlichen Heizperiode von sechs Monaten immerhin 91 Stunden Freizeit. Doch jede dieser zusätzlichen Mußestunden haben Sie sich vorher teuer erkauft. 10,99 Euro kosten Sie 60 Minuten Müßiggang im Schnitt. Für das Geld können Sie sich freilich auch eine gute Flasche Rotwein kaufen, die Sie dann – ohne Kreditrückzahlungssorgen – allabendlich im Kreis Ihrer um den Kachelofen gescharten Lieben leeren dürfen.

Sicher, solch eine Denkweise ist der Tod jeder konsumorientierten Volkswirtschaft. Nur als Aussteiger sollten Sie darauf nun wirklich keine Rücksicht mehr nehmen.

*

Im Gegenteil. Das Pfund, mit dem Sie wuchern können, ist Zeit. Mögen die anderen weiter atemlos Geld scheffeln, um es in teuren Kurzurlauben vom Skilift purzeln zu lassen oder schnorchelnd im Roten Meer zu versenken. Mögen sie von BAT III zu BAT II b aufsteigen, mögen sich ihre Einjahresverträge in unbefristete Anstellungsverhältnisse wandeln, mögen sie Ausschreibungen und Wettbewerbe gewinnen. Mögen sie in Fitnessstudios schwitzen, in Programmkinos auf die deutschen Untertitel mongolischer Experimentalfilme starren oder bei sonntäglichen Stadtparkspaziergängen in Hundescheiße treten. Sie neiden es ihnen nicht. Für Sie, den Aussteiger, ist die Grenze zwischen Arbeit und Freizeit aufgehoben. Ihre Muße ist nicht auf tariflich ausgehandelte Urlaubstage beschränkt. Sie sind Ihres eigenen Glückes Schmied.

Oder aber – Ihr eigener Totengräber.

Schließlich kann die Zeit auch zum Fluch werden. Wenn Sie ganz auf sich geworfen werden, weil Ablenkung, Zerstreuung, Amüsement nicht mehr vor der Haustür warten und Sie die Filme, die das Fernsehen zeigt, bereits alle dreimal gesehen haben, können selbst Sie Ihre Contenance verlieren.

Vielleicht lächeln Sie jetzt nur müde. Weil Sie glauben, dass es so dicke für Sie nicht kommen kann. Schließlich haben Sie eine Kafka-Gesamtausgabe, die Brigitte-Hörbuchreihe und die komplette, vom SZ-Feuilleton empfohlene Filmklassiker-DVD-Edition in die Umzugskartons gepackt. Und dazu die alte Blockflöte, die Sie seit Ihrer Schulzeit nicht mehr an die Lippen geführt haben.

Trotzdem sind auch Sie nicht vor der Gefahr gefeit, dem Trübsinn anheimzufallen. Es genügen zehn Tage Dauerregen, eine Nachzahlungsaufforderung ihres Energie-Anbieters. Und wenn dann auch noch die letzte Schulter, an die Sie sich bislang lehnen konnten, per SMS die Beziehung kündigt, vergeht selbst Ihnen die Lust, »Das weiche Wasser bricht den Stein« in die Flöte zu blasen.

Doch so weit muss es nicht kommen. Rammen Sie feste Pflöcke in Ihr neues Leben, besorgen Sie sich einen Hund! An Huhn, Kaninchen oder Lamm sollten Sie tunlichst nicht Ihr

Herz verschenken. Hier gilt die alte ostpreußische Bauernregel: Mit Essen spricht man nicht! Und erst recht sind Kosenamen für den künftigen Sonntagsbraten tabu.

Ganz anders verhält es sich beim Hund. Er wird vermutlich nie in Ihrer Pfanne landen (Achtung! Bei der chinesischen Übersetzung diesen Abschnitt bitte streichen). Bei einem solchen Gefährten müssen Sie sich nicht scheuen, Gefühle zu zeigen. Jede Zuwendung wird mit Dankbarkeit quittiert. Nichts geht über ein flauschiges Hundefell, wenn Sie, frisch verlassen, Ihre Tränen trocknen müssen. Doch nicht nur in seelischen Krisensituationen ist das Tier ein verlässlicher Partner. Ein Hund hilft auch, Gefahren vom Hof abzuwehren, lässt Sie in stürmischen Nächten ruhig schlafen, wenn Fensterläden und Türen klappern. Er hält Zeugen Jehovas und fliegende Teppichhändler auf Abstand und überpünktliche Partygäste davon ab, Sie unter der Dusche zu überraschen. Kurzum, ein Hund ist nützlich.

Nicht zuletzt, weil er die neue Existenz zementiert. Die feige Flucht zurück in die Stadt ist nun nicht mehr ohne Blutvergießen möglich. Selbst wenn Sie einen Vermieter finden, der den Vierbeiner toleriert, das Tier würde sich für einen Umzug in die Stadt und ein Leinenleben in Auspuffhöhe mit unmotivierten Beißattacken oder Inkontinenz bedanken.

Nur, so weit wird es gar nicht erst kommen. Rückzugsgedanken sind Aussteigern mit Hund fremd. Für Selbstmitleid haben Sie keine Zeit und zum Trübsinn keinen Anlass. Dürfen Sie sich doch jeden Morgen aufs Neue an der aufgehenden Sonne, den reifbedeckten Gräsern oder den jungfräulich zugeschneiten Wegen erfreuen.

Mit einem Hund sind zwei lange Spaziergänge täglich das Minimum, soll Ihr Grundstück nicht im Kot versinken. Was auf den ersten Blick als lästige Pflicht erscheint, erweist sich schnell als bestmögliche aller Kontemplationsübungen. Sie brauchen kein dreifaches Om, kein vierfaches Shanti. Es genügt, wenn Sie mit dem Hund an der Seite über die Felder ziehen. Eine halbe Stunde am Morgen, um sich auf das Tagwerk einzustimmen, eine halbe Stunde am Abend, um Bilanz zu ziehen und dabei – je nach weltanschaulicher Präferenz – Gott oder sich selbst für das Glück zu danken, welches Ihnen hier in der Natur beschieden ist.

ICH, DU, ES UND WIR
ODER WARUM INTENSIVE INTIMITÄTEN IM IGLU VOR INGRIMM UND ISOLATION SCHÜTZEN

Die folgenden Zeilen wenden sich an jene Leser, die in festen Händen sind und trotzdem der Stadt den Rücken kehren wollen. Um es vorwegzunehmen: Aussteiger, die in Familie den Sprung ins Ungewisse wagen, sind im Vorteil. Zwar müssen sie sich mit etlichen zusätzlichen Problemen herumschlagen, worauf im Folgenden noch ausführlich eingegangen werden soll, aber sie sind wenigstens nicht allein. In Notzeiten, wenn der Schnee bis zur Regenrinne reicht, alle Leitungen eingefroren und die Stromzufuhr unterbrochen ist, können sie sich aneinanderklammern und gegenseitig wärmen.

Aber auch jenseits extraordinärer Wetterlagen fährt man als drei-, vier- oder fünfköpfiges Aussteigerkollektiv besser. Nehmen wir nur einmal die Kinder.

In der Stadt sitzt man an den Sonntagnachmittagen mit dem Nachwuchs in überfüllten Buddelkästen und wacht darüber, dass kein Mastino Napoletano oder American Staffordshire Terrier in ihr Kuchenförmchen scheißt. Klar, man kann dabei in der Sonntagszeitung blättern und Milchkaffee schlürfen. Wenn man Glück hat, sitzt sogar die Mutter von Tilda-Chloé in ihrem tief dekolletierten Sommerkleidchen mit im Kasten. Und falls das Mütter kalt lässt, gibt es ja auf der Wiese nebenan noch immer die drei jungen Jamaikaner, die mit freiem Oberkörper ihren Musculus rectus abdominis trainieren.

Solche Aussichten bietet Ihr ländlicher Privatsandkasten natürlich nicht. Dafür hat der den Vorteil, dass die teuren Naturkautschukbuddelförmchen nicht von gewaltbereiten Krabbelkindern aus Problemfamilien entwendet werden können. Und auch Kampfhundattacken und Kindesentführung muss man nicht mehr fürchten. Erst recht nicht, wenn man sich selbst einen bellenden Vierbeiner zulegt, der wachen Auges neben der Sandkiste ruht und so das Gelände gegen Eindringlinge absichert.

Selbstredend sind gerade bei Kleinkindern soziale Kontakte ein Muss. Das wissen wir spätestens, seit sich der amerikanische Verhaltensforscher Harry Harlow vor einem halben Jahrhundert in die Erziehung einiger Dutzend Rhesusaffenfamilien einmischte. Kleine Äffchen, die ohne gleichaltrige Spielgefährten heranwachsen mussten, fielen später als besonders ängstlich auf.

So konditioniert, bekommen nicht nur Rhesusaffen Probleme. Nein, auch Ihr Kind wäre für den späteren Überlebenskampf schlecht gerüstet, wenn es nicht hin und wieder und in homöopathischer Dosis von dickeren Altersgenossen eine Plastikschaufel über den Scheitel gezogen bekäme. Deshalb sollten Sie sich nicht scheuen, Ihren Nachwuchs möglichst früh wenigstens halbtags in einer fußläufigen Betreuungseinrichtung unterzubringen. Selbstredend können Sie auch in der Region nach Kindertagesstätten mit alternativen Erziehungsangeboten und vegetarischer Mittagskost fahnden. Auch wenn wir nicht wissen, wie Harlows Rhesusäffchen nach zwei Jahren Waldorf- respektive Montessori-Pädagogik reagiert hätten.

Sollten Sie im näheren Umkreis auf solch ein Reformangebot stoßen, greifen Sie ruhig zu. Die Chance, dass Sie dort unter den Erziehern und Erzeugern auf Gesinnungsgenossen treffen, ist groß. Sie können auf Augenhöhe über die Wirksamkeit dieser oder jener Neurodermitissalbe plaudern, sich die Anfahrtskosten für den Klavierlehrer teilen und müssen nicht fürchten, dass Ihr Kind irgendwann »bei Oma fahren« und »den Mirko auf das Nase boxen« will. Nur wenn Sie tatsächlich bereit sind, für solch eine exklusive Sonderbehandlung täglich mehr als anderthalb Stunden im Auto zu verbringen, sollten Sie vielleicht doch lieber in der Stadt bleiben.

*

Bevor wir nun zur Partnerproblematik kommen, schnell noch ein Wort zur Pubertät in der Provinz. Seit der Erfindung des Ottomotors ist die Gefahr, dass ganze Landstriche vom

Inzest gezeichnet werden, halbwegs gebannt. Der Preis dafür ist allerdings hoch. Die Aussicht, in fremden Dörfern oder entlegenen Diskotheken auf blutsferne, aber dennoch paarungswillige Altersgefährten zu stoßen, kostet jährlich Dutzende von motorisierten Teenagern das Leben. Wenn Sie selbst einen von Akne gezeichneten Knaben in Ihrem Haus beherbergen, können Sie die Katastrophe vielleicht durch behutsame Erziehung und eigenes vorbildliches Trink- und Fahrverhalten verhindern. Mit einem Mädchen sieht die Sache dagegen düster aus. Spätestens wenn das liebe Kind beginnt, seine sekundären Geschlechtsmerkmale auszubilden, werden vor Ihrem Häuschen die ersten Mopeds knattern. Wenn Sie jetzt nicht sofort die Notbremse ziehen, den Hund von der Leine lassen oder die Zufahrt mit Nagelbrettern pflastern, werden Sie die nächsten vier bis fünf Jahre keine Ruhe mehr finden. Proportional mit der Oberweite Ihrer Tochter wächst auch die Hubraumgröße der Fahrzeuge, die Ihr Anwesen umlagern. Und damit steigt zugleich die Gefahr, dass das Leben der Heranwachsenden an einem lauen Samstagabend vorzeitig an einem Straßenbaum endet.

Lassen Sie es also erst gar nicht so weit kommen! Kaufen Sie dem Kind ein Pferd, und schicken Sie es spätestens mit zwölf zum Reitunterricht. Der britische Verhaltensforscher und Kunstmaler Desmond Morris hat das Präferenzverhalten von Kindern gegenüber Tieren untersucht. Bei Mädchen an der Schwelle zur Pubertät, so fand Morris heraus, erfreut sich das Pferd einer dreimal höheren Wertschätzung als bei gleichaltrigen Jungen. Dieses Ergebnis animierte den Forscher zu der gern zitierten Behauptung, dass die »rhythmischen Bewegungen des Pferdes und die Pose des mit gespreizten Beinen aufsitzenden Reiters einen sexuellen Unterton enthalten«. Zusammen mit der Größe und Kraft des Pferdekörpers übt dies »eine immense unbewusste Anziehungskraft auf Mädchen im vorpubertären Alter aus«.

Auch wenn diese These etwas nassforsch erscheint, so ist nicht zu leugnen, dass Mädchen, die es gelernt haben, einen Hengst von 600 Kilogramm allein durch den Druck ihrer Waden und Schenkel zu stoppen, für den späteren Geschlechterkampf bestens gerüstet sind. Wer zweimal wöchentlich einen Rappen von 1,72 Metern Stockmaß das Fell striegeln darf, wird sich nicht so schnell für einen schwächlichen Zwerg mit Pickeln und Mofa erwärmen.

*

Nun aber zu ihm oder zu ihr. Zu der Person also, die allmorgendlich, wenn der Hahn seinen Weckruf erklingen lässt, neben Ihnen aufstöhnt. Der Einfachheit halber nehmen wir an, Sie, lieber Leser, sind ein Mann, und der Mensch, der sich fluchend die Bettdecke über den Kopf zieht, ist Ihre Gattin. Obgleich wir an dieser Stelle ausdrücklich betonen möchten, dass auch alle anderen Konstellationen legitim sind und früher oder später mit ganz ähnlichen Problemen zu kämpfen haben.

Doch zurück zu der Frau, die unter der Bettdecke erst dem Hahn, dann Ihnen und schließlich dem ganzen Dorf die Vogelgrippe an den Hals wünscht. Auch sie ist kein tragischer Einzelfall. Morgendliche Übellaunigkeit ist auf vielen Aussteigerdoppelmatratzen anzutreffen. Denn obgleich beide Partner einvernehmlich beschlossen haben, der Stadt den

Rücken zu kehren, kommen sie selten im neuen ländlichen Leben zum selben Zeitpunkt an.

Für gewöhnlich sind es die Frauen, die an der Umstellung härter zu knappern haben. Die Ursachen dafür sind mannigfaltig, aber leicht zu diagnostizieren. In der Regel genügt ein prüfender Blick auf die monatliche Telefonrechnung, um Klarheit zu bekommen. Ist es doch vor allem der Mangel an sozialen Kontakten, an adäquaten Konversationspartnerinnen, der die Umsiedlerin mit der neuen Heimat hadern und zum Hörer greifen lässt.

Gegen die mehrstündigen Ferngespräche anzukämpfen, die Ihre Gattin allabendlich mit ihren alten Freundinnen führt, wäre töricht. Klüger ist es, sich interessiert zu zeigen und Erkundigungen über den Gesprächsgegenstand einzuholen. So merken Sie schnell, ob Ihre Gefährtin nur unter dem ländlichen Informationsdefizit leidet, sich nach ein wenig Klatsch und Tratsch aus der Metropole sehnt oder tatsächlich vom Heimweh geplagt wird. Ist Letzteres der Fall, zeigen Sie sich konziliant. Schicken Sie Ihre Partnerin für ein Wochenende zurück in die Metropole, lassen Sie sie durch Schuhläden, Cafés und Bars ziehen und reservieren Sie vorab per Internet oder Telefon Konzert- oder Theaterkarten. Sicher, so ein Ausflug ist kostspielig. Doch vermeiden Sie so am ehesten, dass aus der verständlichen Sehnsucht nach städtischer Zerstreuung ein pathologischer Hass gegen Ihr neues dörfliches Domizil erwächst. Nach 48 Stunden Einkaufs-, Konversations- und Kulturterror wird Ihre Frau zwar mit schmerzenden Füßen und leerem Girokonto heimkehren, aber dennoch glücklich auf Ihre Gartenbank sinken.

Solange diese therapeutischen Großstadtausflüge lediglich in vier- bis sechswöchigen Intervallen erfolgen müssen, ist alles in Butter. Wehe aber, die Abstände verkürzen sich. Dann ist tatsächlich Obacht geboten.

Denn nun ist die Zeit gekommen, da Sie Ihre Telefongesellschaft um eine detaillierte Abrechnung bitten sollten. Es könnte nämlich durchaus sein, dass das urbane Flair, nach dem sich Ihre Partnerin vermeintlich sehnt, ein Loft mit Edelfuton ist, auf dem sich ein George-Clooney-Verschnitt rekelt.

Es wäre freilich zu simpel, solche weiblichen Verirrungen allein dem geringen Kohlendioxidgehalt der dörflichen Atmosphäre zuzuschreiben. Vielleicht sollten Sie sich auch einmal an die eigene Nase fassen. Sind doch viele männliche Aussteiger von den Herausforderungen, die das ländliche Leben an sie stellt, so gefangen, dass sie ihre Partnerinnen aufs Sträflichste vernachlässigen. Oder – schlimmer noch – allein als landwirtschaftliche Produktivkraft ansehen, die es anzuraunzen gilt, falls Kittelschürze und Gummistiefel bereits vor Sonnenuntergang abgelegt werden.

So geknechtet und libidinös vernachlässigt, nimmt es nicht Wunder, wenn Frau das neue Landleben mit Ingrimm betrachtet und zu fliehen sucht. Deshalb ist es für Sie als Mann ratsam, Ihrer Partnerin mindestens dieselbe Aufmerksamkeit zu widmen, die Sie Ihrem neuen Rasentraktor zuteil werden lassen. Lieber einmal die Mahd verschieben und dafür gemeinsam, im hohen Gras liegend, den Augusthimmel nach Sternschnuppen absuchen. Überhaupt sollten Sie sich bemühen, die extraordinären Möglichkeiten, die Ihnen Ihre neue Heimat bietet, als Chance für ein Relaunch Ihres Beziehungslebens zu sehen. Lieben Sie sich im Heu, am Waldsee oder nachts am Lagerfeuer. Nehmen Sie sich eine Flasche Rotwein und eine Decke und quartieren Sie sich zur Hirschbrunft auf einem leeren Hochsitz ein. Bauen Sie, wenn sich der Schnee mannshoch in Ihrem Garten türmt, ein Iglu. Lassen Sie tagsüber die Kinder darin toben und vergnügen sich nach Sonnenuntergang unter der eisigen Kuppel mit Ihrer Gefährtin auf Eskimoart. Solch kleine Aufmerksamkeiten lassen ihren Groll auf das ländliche Leben mit Sicherheit schnell schrumpfen.

JÄTEN UND JAGEN
ODER WARUM MIT JAUCH AUF DEM JVC-PLASMABILDSCHIRM JETZT JÄHLINGS SCHLUSS SEIN MUSS

Großangelegte Vernichtungsfeldzüge haben selbst unter deutschen Gartenfreunden an Popularität verloren. Ist es doch unstrittig, dass das Versprühen von Kontaktinsektiziden am Ende eher dem eigenen Körper übel aufstößt, denn der Blattlaus nachhaltig Kummer bereitet. Und gewiss ist es gottgefälliger und gesünder, Kartoffelkäfern den Garaus zu bereiten, indem man die Hühner über den Acker treibt oder die Räuberische Schildwanze aussetzt.

Die sanfteste biologische Schädlingsbekämpfung hilft allerdings wenig, wenn Ihr Nachbar auf gnadenlose Ertragsmaximierung durch chemische Aufrüstung setzt. Denn sobald er zu einer Tüte »Bulldock« oder »Dantop« greift, werden seine Insekten in Scharen über den Zaun hüpfen, um in ihrer Ökooase Asyl zu suchen.

Selbstredend können Sie den ewiggestrigen Anrainer freundlich darauf hinweisen, dass dergleichen Gifte nach § 6 des Pflanzenschutzgesetzes nur von Profis auf freiliegenden Kulturflächen ausgebracht werden dürfen. Aber erstens hält sich jeder gebürtige Dörfler für einen Agrarexperten, und zweitens nimmt es dieser Menschenschlag in toxischen Fragen eher locker.

Mag sein, Ihr Nachbar spritzt seine Pflanzen nach Ihrem Appell nur noch heimlich im Morgengrauen. Dafür hat er aber dann den Rest des Tages genügend Zeit, um sich mit dem Winkelschleifer aus alten Wellasbestplatten ein neues Carportdach zurechtzuschneiden. Natürlich ohne Atemschutz und nur einen Steinwurf von Ihrer mediterranen Kräuterspirale entfernt.

Freilich wollen wir hier nicht Ihre Zivilcourage untergraben. Nehmen Sie kein Blatt vor den Mund. Scheuen Sie auch nicht die Auseinandersetzung mit Nachbarn, wenn es um die Zukunft unseres Planeten geht. Falls Sie allerdings in Ihrem eigenen Garten nicht nur Basilikum, Rosenkohl oder Kartoffeln anbauen, sondern auch die eine oder andere Hanfpflanze zur Reife bringen, ist Zurückhaltung geboten. Pflanzen, die gut drei Zentimeter am Tag wachsen und trotzdem keine Sonnenblumenkerne abwerfen, wecken schnell Neugier und laden zur Denunziation ein. Und ein Verstoß gegen das Betäubungsmittelgesetz wird leider noch immer härter verfolgt als die großflächige Kontaminierung von Gemüsebeeten.

Jäger sind bei vielen Stadtflüchtlingen unbeliebt. Schuld daran sind hauptsächlich die Waffen. Was man bei dem einen oder anderen antiimperialistischen Volksbefreiungskämpfer als sexy oder politisch korrekt toleriert, wird in der Hand eines einfachen Waidmannes a priori als pures Mordinstrument geächtet.

Veganern und anderen Fleischkostverächtern sei dieser Tunnelblick verziehen. Auch wenn ihnen jeder Landwirt leicht erklären könnte, dass es mit dem sorglosen Körnerknabbern ein schnelles Ende hätte, ließe man dem Schwarzwild freie Bahn. Wer aber eine Rehkeule, einen Wildschweinbraten oder Hirschgulasch zu schätzen weiß, täte gut daran, seine Antipathie abzulegen. Denn gerade in wildreichen Gegenden sind Jäger gerne bereit, ihre Beute zu teilen. Machen Sie sich also kundig, wer in Ihrer Nähe die Lizenz zum kontrollierten Wildtöten besitzt. Und bekunden Sie im freundlichen Gespräch Ihr Interesse an frischem Fleisch. Ein zerlegtes Reh ist so oft schon für 60 oder 70 Euro in die eigene Tiefkühltruhe zu bekommen.

Abzuraten ist dagegen all jenen, die beabsichtigen, selbst auf Pirsch zu gehen. Die Ausbildung zum Jäger ist zeit- und geldraubend und das Hobby selbst an unzählige Auflagen gebunden. Ehe Sie in Ihrem eigenen Revier den ersten Schuss abgeben können, vergehen Jahre. Und selbst dann dürfen Sie nicht alles erlegen, was Ihnen vor die Flinte kommt. Da gilt es Schonzeiten einzuhalten und hochkomplizierteste Abschusskriterien zu beachten.

Seien Sie also froh, wenn Ihnen jemand den Job abnimmt und das Wildbret zum moderaten Preis in die Küche trägt.

Und sollte sich trotzdem der Jagdtrieb in Ihnen regen, befriedigen Sie dergleichen Gelüste im Angelverein oder beim Kartoffelkäfersammeln.

*

Von der Küche ist es nur ein kurzer Weg bis ins Wohnzimmer, wo beim deutschen Durchschnittsbürger für gewöhnlich das TV-Gerät steht. Freilich gibt es auch Menschen, die ohne das Fernsehen auskommen. Sollten Sie dazu gehören, steht es Ihnen frei, den nun folgenden Abschnitt zu überspringen.

An dieser Stelle sollen nicht die Verdienste der unzähligen TV-Schaffenden geschmälert werden, aber wahr ist – man kommt auch sehr gut ohne ihre Dienste aus. Will man allerdings noch mit Menschen außerhalb des eigenen dörflichen Dunstkreises in Verbindung bleiben, sollte man sich diesen Schritt reiflich überlegen.

Sie haben, wenn Sie Ihre Freunde in der Stadt besuchen, zwar mit vielen spannenden Geschichten aufzuwarten. Stundenlang können Sie über das putzige Balzverhalten der Kraniche, über Wühlmausattacken und die noch unentdeckten kulinarischen Möglichkeiten der Topinamburknolle referieren. Und ein-, zwei-, ja vielleicht sogar dreimal wird man Ihnen auch gerne das Ohr schenken, aber dann ist Schluss. Themen, bei denen die eine Seite nur durch anerkennendes Brummen, beifälliges Nicken oder dämliche Nachfragen glänzen kann, sind auf Dauer Gift für jedes gesellige Beisammensein.

Man muss sich nur in eine x-beliebige Großstadtkneipe setzen und den Gesprächsfetzen lauschen, die zu einem herüberwehen. Zweidrittel davon thematisieren einen Stoff, der sich aus dem Konsum elektronischer Medien rekrutiert. Egal ob Fußball, Krieg oder Sex – 75 Prozent aller Wirtshausdebatten speisen sich aus televisionären Secondhanderfahrungen. Der Rest betrifft Arbeit, Gesundheit und Familie.

Sie als Aussteiger aber sind, Gemüseeigenanbau und Hausschlachtung sei Dank, kerngesund und haben die Fesseln der abhängigen Lohnarbeit längst abgestreift. Ja, mangels erotischer Alternativen können Sie nicht einmal mehr einen Seitensprung vorweisen. Glauben Sie etwa tatsächlich, dass man unter diesen Voraussetzungen in städtischen Kreisen als Gesprächspartner noch hoch gehandelt wird?

Kurzum, hin und wieder die Sport- oder Tagesschau, das eine oder andere Kulturmagazin geschaut, und Sie bleiben, falls Sie es tatsächlich möchten, am Ball.

Das Fernsehen kann Ihnen aber auch ganz persönlich eine Stütze sein. Gerade im Winter, wenn die Sonne schon nach dem Nachmittagskaffee abdankt, die Arbeit in Stall oder Garten ruht, alle Nägel in die Wand geschlagen, alle Löcher längst gebohrt und selbst die Bücher aus der zweiten Reihe schon ausgelesen sind. Dann nämlich kann es schnell passieren, dass Sie und Ihre Lieben langsam, aber stetig wortkarger werden, um schlussendlich schließlich ganz zu verstummen. Gewiss, Sie können zum Zahnarzt rennen, sich Unterleib und Prostata vorsorglich abtasten oder den Darm spiegeln lassen, um der Ereignislosigkeit zu entfliehen. Aber spätestens, wenn das Gebiss wieder intakt und alle Tumorängste vom Tisch gewischt sind, hat Sie die Stille wieder. Freilich kann man Würfelspiele hervorholen, stricken oder nach

Zahlen malen, aber man braucht sich auch nicht zu schämen, wenn man in solch leeren Momenten einfach nur nach der Fernbedienung greift.

Gerade in dritten Programmen, bei 3sat oder ARTE finden sich zuweilen sogar Sendungen, die den Landmann interessieren. Bildschirmkost, die ihm den Rücken stärkt und ihn zu neuen Taten ermutigt. Eine Dreiviertelstunde mit Schweizer Sennerinnen, ein Abend mit französischen Ziegenhirten oder eine Reportage über Pfälzer Pferdezüchter genügt für gewöhnlich, um allem Trübsinn ein Ende zu bereiten. Denn schon hat man ein neues Käserezept entdeckt oder die Grundregeln künstlicher Besamung erklärt bekommen.

Hüten Sie sich aber vor Vorabendserien, vor jeder Art Daily Soaps und Günther Jauch. Sendungen also, die nahezu täglich laufen, wenig Erkenntnisgewinn in sich bergen und ein hohes Suchtpotenzial aufweisen. Selbst wenn Sie es schlussendlich auch ohne Telefonjoker bis zur 60 000-Euro-Frage schaffen, Sie sind gefangen, Ihre Tage werden fremdbestimmt, Ihre Träume ferngesteuert.

Urbane Ohren mutet es sicherlich befremdlich an, wenn man ihnen gesteht, dass man das Haupt schon um 20 Uhr 15 zur Ruh legt. Aber die wissen auch nicht, wie schön es ist, ausgeschlafen und abgefrühstückt über taunasse Wiesen zu schreiten, wenn am Horizont die Maisonne aufleuchtet.

KUNST UND KOMMUNEN
ODER WARUM MAN NUR MIT KÜHLEM KOPF IM KRIEG DER KULTUREN BESTEHEN KANN

Als es vor etlichen Seiten um das Geld ging, wurde nicht umsonst die Kunst ausgeklammert. Denn dieser Aspekt ländlicher Überlebensstrategien ist zu bedeutsam, um unter ferner liefen abgehakt zu werden. Nicht weil hier der naiven Ansicht gehuldigt werden soll, zwischen Kunst-machen-Wollen und Geldverdienen-Können gäbe es einen Widerspruch. Im Gegenteil, gerade auf dem Land hat es derjenige leichter, sein Talent zu versilbern, der augenscheinlich nicht viel davon besitzt. Längst sind die Zeiten vorbei, als die Dorfbevölkerung als letzte Bastion der Vormoderne galt. Vergangen jene schönen Jahre, als gesunder bäuerlicher Menschenverstand sich tapfer der Scharlatanerie und Beutelschneiderei mit der Mistforke entgegenstemmte.

Inzwischen gibt es kaum noch einen Weiler in Deutschland, in dem nicht ein oder zwei oder gar ein ganzes Dutzend selbst ernannter oder diplomierter Künstler siedeln. In vielen Orten haben sie mit kühn zur Schau getragener Kauzigkeit dem alteingesessenen Dorftrottel längst den Rang abgelaufen. Wenn man sich als Fremder auf dem Anger nach ihren Quartieren erkundigt, kommen Antworten wie: »Links um die Ecke, und dann hören Sie es schon!« oder »Rechts, wo der rosa Traktor auf dem Kopf steht!« beziehungsweise »Da müssen Sie gar nicht weiter suchen, ich bin der letzte Normale hier!«.

Wie gesagt, wer als malender, bildhauender oder grenzüberschreitender Aussteiger auf dem Land auf einen Exotenbonus hofft, wird bitter enttäuscht und sollte es lieber mit einer Ausbildung zum Hufschmied versuchen.

Andererseits kann man auch der Kunst die Treue halten und von der Schwemme profitieren. Voraussetzung ist ein bisschen pädagogisches Geschick und die Bereitschaft, auch mit ästhetisch vermeintlich geringer qualifizierten Menschen in Austausch zu treten. Gerade in ländlichen Gebieten mit hoher Arbeitslosigkeit hat sich der Künstler als gut alimentierte Stütze des Systems unentbehrlich gemacht.

In Regionen, wo das Laub schon im Herabfallen von Ein-Euro-Kräften eingesammelt wird, weil alle anderen Möglichkeiten gemeinnütziger Arbeit längst ausgeschöpft sind, hat der Künstler als Sinnstifter Konjunktur.

Unter seiner Anleitung werden Gemeindesäle mit großflächigen Wandbildern dekoriert, historische Kostüme für Festumzüge geschneidert oder die ehemalige LPG-Rindermastanlage als Heimatstubenexponat im Maßstab 1:1000 aus Streichhölzern reanimiert.

Wenn Sie sich also tatsächlich für einen Künstler halten, nur leider kein Galerist oder Kurator diese Ansicht teilt, wenn die Türen der kleinen und großen städtischen Ausstellungshallen für Sie und Ihr Œuvre verschlossen bleiben und der freie Markt Ihnen keinen Euro schenkt, dann können Sie auf dem Land immer noch mit Ihren umstrittenen Talenten glänzen.

Mit Sicherheit gibt es ganz in Ihrer Nähe einen staatlich anerkannten Bildungsträger, der Fördermittel zu verteilen und langzeitarbeitslose Agrararbeiter oder verhaltensauffällige Schulabgänger zu beschäftigen hat. Seien Sie flexibel, packen Sie Ihr ästhetisches Credo in ein griffiges Kursprogramm und werden Sie vorstellig. Lassen Sie erwerbslose Schweinemastfacharbeiter nach Wassily Kandinskys Farbenlehre Sushi rollen, flechten Sie mit xenophoben Jugendlichen aus Weidenruten die El-Aksa-Moschee, oder klären Sie in Diavorträgen rechtsradikale Schulabbrecher über die multikulturellen ikonografischen Wurzeln ihrer Oberarm-, Rücken- und Gesäßtattoos auf: der Drache und sein Weg über China, die Mongolei, Vorderasien und Rom auf den Arsch von Kevin und Doreen.

*

Kann sein, dass der eine oder andere schöpferisch ambitionierte Aussteiger dergleichen sozialtherapeutische Arbeit scheut, sich lieber mit Gleichgesinnten umgibt und seine künstlerische Botschaft nur in Reinkultur unters Volk streuen will. Dagegen soll auch gar nicht polemisiert werden. Schließlich bleibt festzuhalten, dass die Flucht aufs Land in erster Linie als Befreiung von lästigen Zwängen, faulen Kompromissen und der Gesellschaft nerviger Zeitgenossen gedacht ist. Nicht jeder Künstler hat Lust, sich um den Preis verlässlicher Einkünfte mit unsensiblen Vertretern gesellschaftlicher Randgruppen herumzuschlagen. Den Hungertod fürchten muss er, müssen Sie, deshalb noch lange nicht.

Gibt es doch inzwischen auch innerhalb der Landbevölkerung einen großen Kreis musisch interessierter Menschen, die nach wohnortsnaher kultureller Erbauung dürsten. Pensionierte Lehrer oder Gewerkschaftsfunktionäre, Pastoren, ausgediente Berufsoffiziere und nicht zuletzt die eigene Spezies, die große Gruppe der Stadtflüchtlinge mit Selbstverwirklichungsambitionen.

Hier liegt Ihre Chance. Allein oder unter dem Dach eines gemeinnützigen Kulturvereins können Sie Workshops abhalten, Abendkurse gestalten oder zu Pleinairseminaren laden. Eine devot-dankbare Anhängerschaft lässt sich so fast mühelos rekrutieren und vielleicht sogar zum Kauf bislang verschmähter Kunstwerke bewegen. Wirtschaftlich noch interessanter sind sogenannte Doppelpackangebote mit Partnerbonus: Yoga und figürliches Gestalten mit Ytongsteinen, Astrologie und Aquarellieren, Chinesische Küche und die Kunst der Kalligrafie, Aktmalerei und Ayurvedische Massagetechnik.

Mit entsprechenden Inseraten in den einschlägigen Zeitungen und Zeitschriften können Sie so bei Bedarf sogar auswärtige Besserverdiener erreichen. Und mit wenig Aufwand lässt sich durch Beherbergung und Beköstigung dieser Kursteilnehmer ein zusätzlicher Gewinn erwirtschaften.

Solche Aktionen kann man allerdings kaum noch allein stemmen, weshalb es sich empfiehlt, in der Nachbarschaft nach geeigneten Geschäftspartnern zu suchen. Vielleicht stoßen Sie ein paar Dörfer weiter auf ein nettes, neu zugezogenes Ehepaar. Menschen, die nach Jahren des sorglos-sonnigen Lebens in Goa bereit sind, der indischen Hausmannskost in der alten Heimat zu größerer Popularität zu verhelfen. Vielleicht gibt es nur ein paar Häuser weiter eine Landbewohnerin, die – vom Heimweh geplagt oder durch Schwangerschaft genötigt – ihren Job in einem großstädtischen Tabledanceschuppen an den Nagel hing. Eine junge Frau, die nun händeringend nach einer neuen Beschäftigung sucht: »Irgendwas mit Tanzen, aber Massage und Model geht auch. Hauptsache, ich bin abends wieder bei der Kleinen.«

Wir wollen an dieser Stelle die Aufzählung beenden, obgleich sich die Liste sicher endlos fortschreiben ließ. Natürlich setzen alle genannten Strategien voraus, dass es Sie als Künstler nicht zum Eremitendasein drängt.

Sollten Sie die Menschen scheuen, helfen Ihnen vielleicht eBay und das Internet. Spezialisieren Sie sich auf Pferdebildnisse, Jagd- oder Schlachtenbilder, lassen Farben und Leinwand künstlich altern und bieten die Werke dann unsigniert unter der Rubrik Antiquitäten an.

Selbstverständlich können Sie es auch ohne Tricks mit Ihren eigenen Arbeiten versuchen. Aber viel Hoffnung auf solvente Bieter machen wir Ihnen in diesem Fall nicht.

*

Doch jetzt zu jenen Aussteigern, die ihr neues Leben in einer Gruppe beginnen wollen, zu Stadtflüchtlingen, die ihr Heil in der Kommune zu finden glauben. Sie haben dieses Buch nicht nötig. Stehen ihnen doch vom ersten Tag an scharenweise Menschen zur Verfügung, die es besser wissen

Sperren Sie die Ohren auf und erkennen Sie möglichst schnell die informellen Strukturen Ihrer neuen Großfamilie. Denn Basisdemokratie hin, Abwaschpläne und wöchentliche Vollversammlungen her. Am Ende zählen doch nur Ellenbogen und sexuelle Ausstrahlungskraft, obsiegen die kleinen Intrigen über alle hehren Vorsätze des offenen Miteinanders. Mag sein, dass wir damit der einen oder anderen Landkommune bitter Unrecht tun. Aber reinen Herzens können wir derartige Kollektive wirklich nur Aussteigern empfehlen, die über ein robustes Ego verfügen oder ihre masochistischen Neigungen endlich ausleben wollen.

Deshalb sind diese Zeilen auch eher den potenziellen Nachbarn solch sonderbarer Lebens- und Wohngemeinschaften gewidmet. Sie haben es nicht leicht. Denn sobald ein halbes Dutzend Stadtflüchtlinge zum Zwecke alternativen Miteinanders auf einem Fleck hocken, ist die Welt ringsherum vergessen. Ohne Scheu und Scham exerziert man sein neues Anderssein gnadenlos durch. Solange diese Gruppe außerhalb der Hör- und Sichtweite der alteingesessenen Landbevölkerung siedelt, ist das auch völlig in Ordnung. Problematisch wird solch ein exzessiver Lebensstil allerdings, wenn der Eingang zum vermeintlichen Aussteigerparadies in der Dorfmitte liegt. Gesellige Abende am Lagerfeuer mit Livemusik und abwechselndes Eintauchen in die selbst gebastelte Schwitzhütte gehören sicherlich zu den reizvollen Höhepunkten des Kommunelebens. Aus zehn oder zwanzig Metern Entfernung betrachtet sind solche Happenings bestenfalls – und auch nur bei guten Lichtverhältnissen – für die bekennenden Voyeure unter den Dorfbewohnern ein Vergnügen. Der vorurteilsbeladene Rest wird entweder selber lautstark intervenieren oder – schlimmer noch – Polizei und Ordnungsamt alarmieren. Und schon ist ein zäher Kampf um die kulturelle Deutungshoheit im Dorf entbrannt.

Sollten Sie als eher traditioneller Stadtflüchtling bei diesem Krieg zwischen die Fronten geraten, ist es mit dem beschaulichen Landleben vorbei. Denn hier gilt, was George W.

Bush nach dem 11. September 2001 und vor ihm bereits Jesus sinngemäß im Lucas-Evangelium formulierte: »Wer nicht für uns ist, ist gegen uns!« Ob Sie es wollen oder nicht, Sie stehen mitten auf dem Schlachtfeld, wo das vermeintlich Gute mit dem scheinbar Bösen ringt.

Raushalten geht nicht. Entweder Sie stellen einen Gartenzwerg und eine kleine Holzwindmühle in Ihren Vorgarten und bekennen so unübersehbar Ihre Solidarität mit der einheimischen Bevölkerung, oder Sie streifen Ihre Kleider ab und schlagen sich nackt zu den Outlaws in die Schwitzhütte.

L LECKERES AUS DEM EIGENEN GARTEN
ODER WIE DIE LOHNMOSTEREI HILFT, LORBEER ZU ERNTEN UND LANGZEITBEKANNTSCHAFTEN AM LEBEN ZU HALTEN

Jedes Geschöpf benötigt hin und wieder Bestätigung. Der Hund stupst nach der Hand des Besitzers, damit sie sich liebkosend auf seinen Nacken legt. Die Katze wirft sich schnurrend auf den Rücken. Und auf Dauer kommt leider auch der Aussteiger nicht ohne lobende Worte, Schulterklopfen oder wenigstens ein kleines Dankeschön aus.

Ein normal berufstätiger Stadtbewohner muss dergleichen Seelenbalsam nicht missen. Er trägt einer jungen Mutter den Kinderwagen die U-Bahntreppe hinunter, wirft einen Euro in die Hungerhilfesammelbüchse, drückt dem Obdachlosenzeitungsverkäufer den halbleeren Kaffeebecher in die

Hand oder hält einer betagten Dame beim Bäcker die Tür auf. Und sogar in der Firma wird der Städter regelmäßig und ohne eigenes Zutun gebauchpinselt. Gut geschultes Führungspersonal weiß, wie wichtig ein harmonisches Betriebsklima für die Produktivität des Unternehmens ist. Also lächelt und lobt man, bis Aktienkurse oder Konjunktur radikalen Personalabbau empfehlen.

Dem Aussteiger bleibt dergleichen heuchlerische Zuwendung aber versagt. Ebenso wie all die ehrlichen kleinen spontanen Dankbarkeitsgesten, die der Städter mit wenig Aufwand tagtäglich abrufen kann. Er, der in die Einsamkeit Entflohene, muss sich seine Bestätigung selber organisieren.

Wir empfehlen an dieser Stelle die Gartenarbeit. Mit frischem Obst und Gemüse aus eigenem Anbau lässt es sich ebenso punkten wie mit handverarbeiteten Naturprodukten. Hat man auf seinem Grundstück alte und noch reich tragende Obstbäume zu stehen, können mittels eigener Presse oder dem Besuch einer Lohnmosterei locker Hunderte Liter köstlichster Säfte in Flaschen abgefüllt werden. Ein wenig kriminelle Energie und ein Hauch chemische Grundkenntnisse vorausgesetzt, dürfen die Früchte gerne auch in Alkoholika verwandelt werden. Doch ganz gleich ob Biosaft oder Selbstgebrannter, eine Kiste hier, eine Flasche dort, und bei Ihren gelegentlichen Stadtbesuchen sind Ihnen Lob und Anerkennung gewiss.

Sollte es Ihnen an eigenen Obstbäumen mangeln, suchen Sie Ihr Glück in der freien Natur. Aus den duftenden weißen Blüten des Holunders können Sie ohne viel Aufwand Sekt, Sirup oder Tee gewinnen. Und die dunklen Beeren lassen sich im Spätsommer leicht zu vitaminreichen Marmeladen einkochen. Zu Saft verarbeitet, ist die Holunderbeere allerdings fast zu schade, um als Mitbringsel in den Kofferraum gelegt zu werden. Denn gerade im Winter und bei Erkältungen ist das tiefrote Getränk, heiß getrunken, besser als jede Apothekenmedizin.

Müßig wäre es, hier auf einzelne Pflanzen und ihre Aufzucht und Pflege einzugehen. Schließlich wollen wir dieses Buch nicht zum Gartenratgeber degradieren. Ebenso wenig ist die Schrift als Kochbuch gedacht, also werden im Folgenden auch keine Rezepte aufgelistet.

Nur so viel sei gesagt: Wer nicht spätestens an seinem zweiten ländlichen Weihnachtsfest zur selbst geschlachteten Gans oder Ente die eigenen Lagerkartoffeln aus dem Keller holen und dazu den frisch geernteten, vom Nachtfrost veredelten Grünkohl legen kann, hat was falsch gemacht.

MÄUSE UND MÜCKEN
ODER MIT MASSENEINKÄUFEN BEI MANUFACTUM DIE MISSGUNST MEHREN

Bislang haben wir Hühner, Hunde, Kaninchen, Pferde und Katzen erwähnt. Tiere also, die sich allesamt problemlos der Gruppe des Nutz- und Kuschelviehs zuordnen lassen. Sie machen Arbeit, bringen aber auch Licht ins zuweilen harte und trübe ländliche Sein. Sei es auf dem Teller, auf dem Schoß oder unterm Sattel. Ob wir unser Aussteigerleben mit ihnen teilen, ist allein unsere Entscheidung, und die sollte erst nach reiflicher Überlegung fallen.

Anders sieht es mit Mücken, Mäusen oder Ratten aus. Für sie sind wir die nützlichen Idioten. Und ob sie unter, auf oder von uns leben wollen, bestimmen diese Tiere ganz allein.

Wenn keine religiösen Gründe für ein friedliches Miteinander sprechen, müssen Sie sich allerdings nicht zwingend dem Willen dieser ungebetenen Gäste unterwerfen. Wer also nicht dem Hinduismus huldigt oder der antiken Reinkarnationslehre aufgesessen ist, darf ruhig die Jagd auf das störende Getier eröffnen.

Von handelsüblichen Giften ist allerdings abzuraten. Bei Mäusen, die bereits ihren Weg ins Haus gefunden haben, empfehlen wir die klassische Schlagfalle. Ein Stückchen Käse oder ein kleines Häuflein Mehl genügen als Köder, um das fidele Nagerleben abrupt enden zu lassen. Natürlich können Sie auch Lebendfallen verwenden. Doch ehrlich gesagt, können wir diese Jagdmethode nur Leuten empfehlen, die sich daheim eine Königspython halten, denn sonst haben Sie ein Entsorgungsproblem.

Mäuse in Stall und Garten gehören zum Landleben. Zwei, drei auf Trockenfutterdiät gesetzte Katzen genügen, um auch hier das Ökosystem in der Balance zu halten.

Bei Rattenbefall empfehlen wir die Anschaffung eines Manchester Terriers. Diese Rasse kommt, wie ihr Name verrät, aus England. Im 19. Jahrhundert wurde der kleine drahtige Hund in den großen Industrie- und Hafenstädten als sogenannter Rattler eingesetzt. Als ein Arbeitstier also, dessen einziger Job darin bestand, jene Millionen von Großstadtratten zu töten, die auf ihre Art von der industriellen Revolution zu profitieren suchten und dabei dem damals noch jungen und kämpferischen Proletariat in die Quere kamen.

So ist es auch verständlich, dass die britische Arbeiterschaft mit Hingabe an dem Tier hing. In spektakulären Schaukämpfen ließ man die Terrier auf die verhassten Ratten los. In den Annalen der Manchester-Terrier-Fangemeinde wird bis heute ein gewisser »Billy« als Nummer eins gelistet. Angeblich tötete er im Jahr 1830 hundert Ratten in 6:13 Minuten. Auch wenn diese makabre Showsportart fünf Jahre später in England bereits offiziell verboten wurde, hat die Aversion des Manchester Terriers gegen alle Arten von Nagern in seinem Erbgut überdauert.

Gegen Ratten ist dieser Hund also bis heute ein probates Mittel, allerdings nur, wenn Sie daheim weder Goldhamster noch Meerschweinchen halten.

Gegen die Attacken der gemeinen Stechmücke ist man indes auch mit einem britischen Kampfterrier nicht gefeit. Erfahrungsgemäß aber gewöhnt sich der Aussteigerkörper nach ein paar Jahren an die Präsenz des Insekts. Stiche nimmt er stoisch hin, Juckreiz ist ihm fremd geworden. Anders sieht es dagegen mit den Geräuschen aus, die der Flügelschlag der Mücke auslöst. Gerade nachts kann dieses nervige Summen das Landleben trüben. Hier helfen nur Moskitonetze überm Bett oder Gazefenster. Versagen doch nach Einschätzung führender englischer Insektenforscher alle im Handel erhältlichen Mückenschutzmittel nach spätestens vier bis fünf Stunden. Mit so wenig Schlaf aber ist der Körper eines hart arbeitenden Landbewohners nicht zufriedenzustellen. Deshalb soll hier eindringlich für eine langfristige textile Lösung des Problems plädiert werden. Auch, weil auf diesem Weg zugleich der Fliegenplage Einhalt geboten werden kann, die die dörflichen Quartiere häufig heimsucht.

*

Moskitonetze in jeder Größe findet man im Warenkatalog der Firma Manufactum. Wer sich aus ihm bedient, mag zwar alle möglichen Sorgen haben, Geldprobleme sind ihm aber mit ziemlicher Sicherheit fremd. Zu den Kunden des 130-Mann-Versandunternehmens gehört in der Regel der Rahm der Gesellschaft. Besserverdiener also, und zwar von jener Sorte, denen der eigene Wohlstand noch immer ein wenig peinlich ist. Leute, die ihr Frühstücksei mit Ursalz würzen, es aber nie gelernt haben, Havannas mit 100-Euro-Scheinen anzuzünden oder ein Jahreseinkommen am Roulettetisch durchzubringen. Bourgeoise Gelüste dieser Art sind dem Manufactum-Kunden fremd. Und doch dürstet es auch ihn danach, sein Geld hin und wieder zu verbrennen. Freilich will er dabei weder die eigene Gesundheit gefährden noch das Glücksspielgewerbe fördern. Und so sublimiert er seine Verschwendungssucht politisch, moralisch und ökologisch korrekt. Er kauft bei dem Waltroper Versandhaus Nudeln für 26 Euro das Kilo, englische Herrenhauspantoffeln für 118 Euro oder japanische Küchenmesser für 568 Euro das Stück. Mundgeblasen, handgeschmiedet, hausgemacht, das sind die Schlagwörter, mit denen Manufactum seine Produkte anpreist. Die so offerierten Waren haben eher therapeutischen denn praktischen Charakter. Wer sich mit ihnen umgibt, lebt in der Illusion, der kalten, globalisierten Welt mittels Bestellzettel trotzen zu können. Und nicht selten hofft er zudem, fehlendes Charisma ließe sich durch vermeintlich geschichtsträchtiges Wohninventar kompensieren. Manufactum gibt sich redlich Mühe, seine Kunden in diesem Glauben zu bestärken. So wird ein einfacher Eisenriegel als »Ahnherr der Türgriffe« tituliert und seine Genesis blumig bis ins 14. Jahrhundert zurückverfolgt. Wer sich also allmorgendlich ins Spätmittelalter zurückfallen lassen will, muss nur 132 Euro investieren und die schlichte Konstruktion an die Pforte seines Hühnerstalls schrauben. Natürlich ist solch ein handgeschmiedeter Riegel unverwüstlich und auch nett anzusehen. Allerdings kann man das teure Stück mit ein wenig Glück auch auf leerstehenden Bauerngehöften finden. Selbst den Rost gibt es dort gratis dazu.

Selbstredend soll hier nicht über eine Firma gelästert werden, die gegen den üblichen Baumarktramsch tapfer ankämpft. Und wer es sich leisten kann, darf den Katalog gerne zu Rate ziehen, bevor er sich Werkzeug kauft oder sein Heim einrichtet. Aber nachdrücklich sei jeder Stadtflüchtling davor gewarnt, seine ganze Energie in die Inszenierung der neuen dörflichen Existenz zu stecken. Wer schon die Auswahl seines Vogelhäuschens als ästhetisch-programmatischen Akt begreift, läuft schnell Gefahr, dass sein gemütliches Landleben zum kräftezehrenden Bühnenstück verkommt. Eine solche Strategie mag in den Städten aufgehen, wo man mit mondänen Lofts und hippen Mansardenwohnungen sein Ego stabilisieren und sein Sozialprestige mehren kann. Auf dem flachen Land aber finden Sie nur schwerlich ein Publikum, das dergleichen Anstrengungen goutiert. Hier könnten die kostspieligen Bemühungen, Ihrem Anwesen den vorindustriellen Charme eines mecklenburgischen Landpfarrhauses einzuhauchen, schnell als Provokation missverstanden werden. Also reden Sie am besten nie über den Preis, sollten Sie sich tatsächlich entschließen, ihr Grundstück mit einem Staketenzaun aus handgespaltener französischer Edelkastanie zu umzäunen.

NOTARZT UND NIESSBRAUCHRECHT
ODER WIE SICH EIN NATURNAHES NICKERCHEN NOCH MIT NEUNZIG MEISTERN LÄSST

Sagen wir es mal so, Menschen mit schwacher Konstitution und erhöhtem Herzinfarktrisiko sollten das Land ebenso meiden wie Hypochonder. Das klingt hart, muss hier aber Erwähnung finden, um die Betroffenen nicht blinden Auges ins Unglück stürzen zu lassen. Wer eine preiswerte Bleibe in unberührter Natur sucht, wird vermutlich vor allem in jenen Regionen fündig, wo das Ärztenetz längst löchrig geworden ist und auch die Notfallversorgung nicht mehr flächendeckend garantiert werden kann. Wenn Sie sich beispielsweise als Berliner für eine Gründerzeitvilla oder einen Resthof im sachsen-anhaltinischen Landkreis Schönebeck interessieren, ist äußerste Vorsicht geboten. Zwar würden Sie hier in Elbnähe tatsächlich für einen Spottpreis Ihre Wunschimmobilie finden, aber die Gefahr, dass Sie das Schnäppchen mit Ihrem Leben bezahlen müssten, wäre extrem hoch. Jedenfalls wenn Sie unter Bluthochdruck und Übergewicht leiden, Raucher sind und ein aufbrausendes Naturell besitzen. Kurzum, wenn Sie zur Gruppe potenzieller Infarktopfer zählen sollten. Denn die Wahrscheinlichkeit, dass Sie einen Herzinfarkt nicht überleben, ist in diesem idyllischen Landkreis mehr als doppelt so hoch wie in der deutschen Hauptstadt. Verspüren Sie öfter ein Ziehen in der rechten Schulter, haben Sie Schmerzen in der Brustgegend oder plagen Sie Panikattacken, bleiben Sie in der Stadt. Wenn es unbedingt Natur sein muss, kaufen Sie sich ein Wochenendhäuschen, aber sehen Sie zu, dass Sie spätestens am Sonntagabend wieder daheim sind. Denn laut Statistik ist das Infarktrisiko am Montagmorgen zwischen 6 und 10 Uhr am höchsten.

Aber auch wenn Sie zu der Sorte Mensch gehören, die unter all den Krankheiten leiden, die Sie nachweislich nicht haben, sollten Sie das Dorf meiden. Hier wären Sie hilflos auf sich allein gestellt und hätten allenfalls das Internet, um sich über die diversen Krebsarten zu informieren, die Ihren Körper mutmaßlich befallen haben. Natürlich gibt es auch auf dem Land Ärzte. Nur sind deren Praxen brechend voll. Die Möglichkeit, dass sich zu Ihrem vermeintlich mitgebrachten Prostatakarzinom während der fünfstündigen Wartezeit auch noch eine ganz reale Influenza gesellt, wäre also hoch. Und selbst wenn Sie bereits nach ein paar Minuten ins Sprechzimmer gebeten werden, kann es Sie noch böse treffen.

Misstrauen Sie allen ZDF-Fernsehfilmerfahrungen. Der gemeine Landarzt glänzt nicht durch Charme und überbordende Feinfühligkeit. Viele von ihnen stehen kurz vor der Pensionierung oder haben – schlimmer noch – vergessen, dass das Renteneintrittsalter schon lange hinter ihnen liegt. Alternative Heilmethoden oder sanfte Chirurgie sind ihnen oft ebenso fremd wie die lange Liste der gesellschaftsfähigen Modekrankheiten. Solchen Old-School-Medizinern sollten Sie lieber nicht mit Ihrem eigendiagnostizierten chronischen Erschöpfungssyndrom kommen. Und wenn doch, machen Sie sich darauf gefasst, dass man Ihnen gegen die gefährlich pathologische morgendliche Mattigkeit weder Amphetamine noch eine Akupunktur verschreibt, sondern kopfschüttelnd starken Kaffee und kaltes Duschen empfiehlt.

*

Noch schlimmer sieht es mit dem Landleben aus, wenn Sie den Zenit Ihres irdischen Seins bereits überschritten haben und unaufhaltsam auf ein pflegeintensives Finale zurasen. Auch wenn Sie von Rollstuhl oder Seniorenwindel noch ein, zwei oder gar drei Jahrzehnte entfernt sind, sollten Sie trotzdem bereits heute an die diversen Zipperlein denken, die Sie im Alter heimsuchen könnten.

Natürlich ist es eine schöne Vorstellung, wie weiland Ernst Jünger noch mit hundert über die Felder zu streifen und abends, von Inkontinenz verschont, bei einem Glas edlen französischen Rotweins über das Mandibelgeweih des Hirschkäfers zu sinnieren oder die glücklich überstandenen Schlachten zweier Weltkriege Revue passieren zu lassen.

Nur ist ein solch biblisches Alter wohl den wenigsten von uns beschieden. Insofern ist es ratsam, sich auf das letzte Kapitel seines Lebens frühzeitig vorzubereiten. Was nützt das schönste Schloss, wenn Sie am Ende auf allen vieren in die Beletage krauchen müssen, weil Ihnen das Geld für den Treppenlift fehlt. Die Vorstellung, ein Heim, in das man ohne Unterlass über Jahrzehnte Schweiß und Euros gepumpt hat, verlassen zu müssen, nur weil schließlich die Kraft fehlt, es allein zu unterhalten, ist grausam. Also schauen Sie rechtzeitig auf Ihre BfA-Rentenprognose und geben Ihrem Traum vom Landleben einen halbwegs realistischen Rahmen.

Vielleicht können Sie vor Eintritt in den Ruhestand einzelne Haussegmente an befreundete Senioren veräußern. Solvente Städter, die nach ihrem Karriereende in einem traulich-dörflichen Umfeld eine neue Herausforderung suchen. Pensionierte Gymnasiallehrer vielleicht, die auf ihrer Scholle Boule-Turniere oder Houellebecq-Leseabende abhalten wollen. Frankophile Feingeister also, deren Ersparnisse nicht mehr für den Altersruhesitz in der Provence reichen. Oder gebrechliche Mitglieder der Toskanafraktion, die ihren Volvo nicht mehr sicher allein über den Brenner bringen und dem italienischen Gesundheitssystem misstrauen. Ihnen allen könnten Sie mit Ihren langjährigen Aussteigererfahrungen hilfreich zur Seite stehen und würden dabei sogar noch der eigenen Verelendung und Vereinsamung entkommen.

Diese ländlichen Altenwohngemeinschaften hätten zugleich den Vorteil, dass man das früher oder später notwendige Pflegepersonal als Patientenkollektiv in Vollzeit anheuern kann. Auch Hygieneartikel sind im Großpack günstiger zu beziehen. Und selbstredend kann man dann auch alle notwendigen Umbauten für ein altersgerechtes Wohnen gemeinsam finanzieren. Sicher, auch in den besten Gerontokratien bleibt Streit nicht aus. Selbst wenn es jüngere Leser nicht glauben wollen, auch jenseits des Klimakteriums gibt es Eifersüchteleien, und sogar Gehbehinderte können einem zuweilen auf den Nerven herumtrampeln. Aber erstens sollten Sie natürlich auch im Alter und bei finanzieller Not auf Ihrem eigenen kleinen Wohn- und Gartenbereich bestehen, und zweitens können Sie schließlich jederzeit Ihr Hörgerät abschalten.

*

Mag sein, Ihnen erscheint das soeben skizzierte Modell abwegig. Schließlich haben Sie ein, zwei, ja vielleicht sogar drei oder vier Kinder in die Welt gesetzt oder sind noch dabei. Ihnen allen ist oder soll die frisch erworbene Fluchtburg Heimat sein. Denn wozu sind Sie ausgestiegen oder wollen es noch tun, wenn dieser waghalsige Akt nicht die Bande zwischen Ihnen und Ihren Lieben fester zurrt. Dankbarkeit, so glauben Sie, wird Ihnen daher auch im Alter von den Früchten Ihrer Lenden entgegenschlagen. Anerkennung für all die Stunden, die Sie damit verbracht haben, den Kleinen eine sorglose und glückliche Kindheit zu bescheren, spätes Lob für die Mühe, die es Sie gekostet hat, diese dauerpubertierenden Querulanten ohne Hausarrest- und Prügelstrafen in die Hochschulreife zu treiben.

Was also liegt näher, als dass man im Alter den Rubel wieder rückwärts rollen lässt, dass Blut von Ihrem Blute in klammen Zeiten mit pekuniären Infusionen Ihren altersarmen Leib wieder zum Aufblühen bringt? Wir wollen hier keine Brandfackel in dieses hübsche Traumgespinst werfen, nicht Misstrauen gegenüber Ihrem eigenen Fleische schüren.

Dennoch seien an dieser Stelle ein paar warnende Worte gestattet. Kann es sein, dass Sie Ihr Kind im Geiste der Anarchie erzogen haben? Wurde es von klein auf zur Missachtung aller bürgerlichen Konventionen und ökonomischen Zwänge animiert? Nagelten Sie jede seiner infantilen Kritzeleien postwendend an die Küchenwand? Wenn hier auch nur ein einziges Ja aus Ihrem Mund als Antwort kommt, haben Sie denkbar schlechte Karten. Denn für gewöhnlich ist der Schaden, den Sie damit angerichtet haben, irreparabel.

Entweder Ihr Nachwuchs lebt noch mit 39 in einer Wagenburg, oder er hat sich an der Kunstakademie eingeschrieben und stellt nach dem Studium seine Hungerödeme und sein Magenknurren ins Internet, in der irrigen Hoffnung, so endlich auf dem Markt reüssieren zu können. Doch ganz gleich ob A oder B; in beiden Fällen ist Ihr Traum vom innerfamiliär abgesicherten Lebensabend geplatzt.

Aber auch wenn Ihre Sprösslinge ins Bankengewerbe, Justizwesen oder in die High-Tech-Branche eingestiegen sind und mit einem 5er BMW oder 6er Audi zu ihrem 70. Geburtstag angebraust kämen, wären Sie nicht unbedingt auf der sicheren Seite. Ist doch vielleicht Ihre alte Aussteigerparzelle bis dahin auf dem Bodenrichtwertatlas ganz nach oben geschnellt. Was erklären würde, warum man Sie in geselliger Runde immer öfter mit Werbeprospekten von Seniorenheimen bombardiert. Denn nicht selten juckt es gerade der finanziell gut gestellten Nachkommenschaft in den Fingern, das Erbteil schon vor der Zeit an die Börse zu tragen.

Eine dritte Gefahr lauert für den naiven kindgesegneten Hausbesitzer im sogenannten Nießbrauchsrecht. Ein Begriff, der so archaisch-bürokratisch klingt, wie der damit bezeichnete Vorgang auch tatsächlich ist. Unter Nießbrauch versteht man die Unsitte, seine Immobilie auf einen anderen unter der Bedingung zu überschreiben, dass dieser einem im Gegenzug das komplette oder teilweise Nutzungsrecht belässt. Im Klartext und für gewöhnlich bedeutet dies, dass Ihre Kinder als Hausbesitzer schon vor Ihrem Ableben ins Grundbuch eingetragen werden, während Sie aus Dank Ihr Wohnrecht bis zum tatsächlichen Hinscheiden behalten dürfen. Auf den ersten Blick scheint nichts gegen eine solche Lösung zu sprechen. Gerade wenn man gemeinsam unter einem Dach wohnt und sich nicht mehr allein um all die anfallenden Reparatur- und Wartungsarbeiten kümmern will oder kann. Vielleicht fühlen sich die jungen Leute durch solch eine Geste tatsächlich animiert, statt in ein neues Auto in die Generalüberholung der hauseigenen Heizanlage zu investieren.

Schlimm ist es allerdings, wenn sie beides zugleich versuchen und sich dabei gnadenlos verschulden. Denn als juristisch vollwertige Immobilienbesitzer können sie nun ohne Ihr Wissen eine Hypothek auf das Haus aufnehmen. Und wenn es ganz dumm kommt, damit Ihr Lebenswerk scheibchenweise an die Bank verhökern. Bei einer Zwangsversteigerung wird auf Ihr verbrieftes Nießbrauchsrecht keine Rücksicht genommen. Und statt auf der Gartenbank dürfen Sie dann Ihren Ruhestand am Fenster einer Einraumplattenbauwohnung oder gleich im Altenheimzweimannzimmer genießen. Aber wie gesagt, das alles sind nur Worst-Case-Szenarien, Horrorvisionen, die Sie vermutlich niemals träfen. Denn natürlich werden sich Ihre Töchter und Söhne und deren Gatten und Gattinnen darum reißen, Ihnen einen paradiesischen Lebensabend zu bescheren. Regelmäßige Banküberweisungen gehören dann ebenso selbstverständlich zu diesem selbstgezeugten Rundumsorglospaket wie der Pflegeurlaub, den alle reihum sofort nehmen würden, wenn es Ihnen irgendwann bei der Gartenarbeit endgültig die Beine wegreißt.

OBEN OHNE UND OLIGARCHEN
ODER WARUM FÜR ORTSFREMDE IM OSTEN OBACHT GEBOTEN IST

Dieses Kapitel richtet sich an Aussteiger, die in Ostdeutschland sesshaft werden wollen, aber leider eine völlig andere Sozialisation erfahren haben als das Gros der dort siedelnden Ureinwohner. Mag sein, Sie halten jeden diesbezüglichen Ratschlag für überflüssig, weil Sie bereits zwei Jahre als Student in Prenzlauer Berg gelebt haben, gerne Radeberger Bier trinken und sogar schon einmal heimlich mit der Zweitstimme der Gysi-Partei in den Bundestag geholfen haben. Außerdem sind Sie im Umgang mit fremden Kulturen geschult, schließlich haben Sie im letzten Urlaub auf Naxos mit der Frau vom Wirt Sirtaki getanzt und dafür zwei Ouzo umsonst bekommen. Sie waren Schülersprecher, und sogar Ihre Schwiegermutter lobt Ihre soziale Kompetenz. Was, so glauben Sie, könnte da noch den Ostler hindern, Sie zu lieben.

Lieber Freund, für zwei oder drei Wochen Hiddensee mögen Sie mit dieser Vita gerüstet sein, für das dauerhafte Leben in der ostdeutschen Pampa aber kaum. Nicht umsonst wird bei den Ethnologen der DDR-Mensch als gesonderter Forschungsgegenstand gelistet. Angehende Völkerkundler und Kulturwissenschaftler verbringen ganze Semester damit, sein rätselhaftes Wesen zu ergründen.

Die folgenden Zeilen können solche gründlichen Studien natürlich nicht ersetzen. Das ist auch nicht ihr Ziel. Vielmehr geht es in diesem Kapitel lediglich darum, Sie für die Andersartigkeit Ihrer künftigen Nachbarn zu sensibilisieren. Natürlich haben Medien und Politik in den letzten zwanzig Jahren viel Mühe aufgewandt, der deutschen Bevölkerungsmajorität die besondere Befindlichkeit des Beitrittsbürgers zu erklären.

Aber wenn Sie jetzt hoffen, dass bei Ihrer Ankunft Heino Ferch und Veronica Ferres gemeinsam mit Achim Mentzel und Carmen Nebel über den Gartenzaun winken, liegen Sie falsch. Der Ostler ist ebenso wenig ein diktaturgestählter Heros wie eine dauerschunkelnde Frohnatur.

Eher fällt er durch ideologische Unberechenbarkeit und notorische Übellaunigkeit auf. Wirklichen Frohsinn zeigt er nur zu historisch einschneidenden Anlässen. Fällt nicht gerade die Mauer, der Benzinpreis unter 1,10 Euro oder das 2:0 für Energie Cottbus im Bundesligaspiel gegen Bayern München, gibt sich der Ostler mürrisch. Und das aus gutem Grund. Ein Übermaß an Lebensfreude könnte die Regierenden in Sicherheit wiegen, sie in dem Glauben bestärken, die Bedürfnisse ihrer Untertanen wären befriedigt. Schon unter der SED-Herrschaft vermied es deshalb der DDR-Bürger, zu viel Heiterkeit auszustrahlen. Die DDR-Führung musste nur einen Blick aus ihren Luxuslimousinen werfen, um zu erkennen, dass sie sich dieses Volkes noch lange nicht sicher sein konnte.

Sie als Ruhe suchenden Aussteiger muss dies allerdings nicht schrecken. Im Gegenteil. Mit seiner Miesepetrigkeit sorgt der Ostdeutsche dafür, dass sich der Fremdenverkehr nur schleppend entwickelt. Landstriche, in denen er die Bevölkerungsmehrheit stellt, drohen deshalb nicht von Touristen überschwemmt zu werden.

Doch Übellaunigkeit ist nur eine Eigenart, die sich der Ostler in vierzig Jahren Diktatur zugelegt hat. Noch erstaunlicher ist sein Hang zur Immobilität. Wer sein halbes Leben in der DDR verbringen musste, tritt auch heute nur gelegentlich vor die Gartentür. Oft wird diese Wagenburgmentalität als Spätfolge von Stacheldraht & Schießbefehl gedeutet, doch das ist Unsinn.

Nein, den mangelnden Pioniergeist, das beharrliche Schmoren im eigenen Saft kann man nicht pathologisch, sondern nur strategisch erklären. Schon zu DDR-Zeiten konnte sich der pfiffige Zonenbürger etliche Vergünstigungen ertrotzen, indem er seinem Staat mit dem sofortigen Abzug seiner selbst drohte: Was, kein Ketchup im HO-Regal, kann nicht sein, ich geh in den Westen!

Besonders in den letzten Jahren des SED-Staates wurde der sogenannte Ausreiseantrag zum probaten Druckmittel gegen die ohnmächtigen Machthaber. Ihren größten Erfolg feierte diese hinterfotzige Strategie allerdings unmittelbar nach dem Mauerfall. »Kommt die D-Mark, bleiben wir. Kommt sie nicht, gehen wir zu ihr!«, riefen Millionen frisch befreite DDR-Bürger, nachdem sie ihr Begrüßungsgeld binnen weniger Stunden bei Beate Uhse oder an Stonewashed-Jeans-Ständen auf den Kopf gehauen hatten. Ein Schrei, der den bundesdeutschen Entscheidungsträgern eiskalt ins Mark fuhr und sie gegen alle Regeln der politischen Vernunft veranlasste, eine völlig überhastete Wirtschafts-, Währungs- und Sozialunion durchzupeitschen.

Für den normalen Ostler aber bedeutete dieser Lapsus nur die Gewissheit, dass die Androhung von Mobilität offensichtlich in jedem System Wirkung zeigt. Damit wuchs das Omnipotenzgefühl des Ostlers enorm, und die Lust, den Fuß ohne pompöse staatliche Gegenleistung auch nur einen Meter über den kommoden Status quo hinaus zu setzen, sank gegen null.

Lange Zeit sah es tatsächlich so aus, als würde dieses Druckmittel seine abschreckende Wirkung behalten. Dann aber entdeckte das internationale Finanz- und Industriekapital die Allzweckwaffe und nutzte sie schamlos zur Profitmaximierung: Her mit Lohnverzicht, Steuernachlässen und staatlichen Subventionen, oder ich verlagere meine Schneeschaufelproduktion nach Kenia, lasse meine Schweine von pakistanischen Metzgern zersägen oder die neue S-Klasse von Maos roten Garden zusammenschrauben.

Kurzum, seit der raue Wind der Globalisierung über unser Land pfeift, muss sich der Ostler warm anziehen. Zucken doch die Regierenden nur noch müde mit den Schultern, wenn er heute mit dem Abzug aus dem angestammten Siedlungsgebiet droht. Ja, immer öfter wird der Ostdeutsche sogar dazu ermuntert, seiner Heimat den Rücken zu kehren. Das Berliner Institut für Bevölkerung und Entwicklung schlug bereits 2007 vor, durch Abzugsprämien bestimmte ländliche Regionen Ostdeutschlands systematisch zu entvölkern. Anschließend, so die Wissenschaftler aus der Hauptstadt, könnte man die brachliegenden Landstriche Wölfen und anderen einst vom Menschen vertriebenen Wildtieren überlassen. Eine auf den ersten Blick kühne Idee, die aber auf der sicheren Erkenntnis beruht, dass weite Teile des Beitrittsgebietes spätestens in zwanzig Jahren zu mehr als einem Drittel von Ruheständlern bewohnt sein werden. Menschen über 65 Jahre, die in zunehmendem Maße auf eine intakte Infrastruktur angewiesen sein werden. Das mag in Florida und bei einem weitestgehend privatwirtschaftlich aufgebauten Renten-, Kranken- und Pflegesystem funktionieren. In Brandenburg, Vorpommern oder Mecklenburg aber, wo die Kontostände in der Regel ebenso flach sind wie die Landschaft, kann die öffentliche Hand solche ausgedehnten Seniorenareale kaum unterhalten.

Insofern spricht vieles dafür, dass sich der gesunde Stadtflüchtling gerade im Osten niederlässt. Jedenfalls dann, wenn ihn die Aussicht, in naher Zukunft sein Leben mit Bären, Bisons und Bibern teilen zu müssen, nicht schreckt.

*

Doch zurück in die Gegenwart. Denn wenn Sie tatsächlich schon jetzt Ihre Zelte zwischen Elbe und Oder aufschlagen wollen, werden Sie mit Sicherheit noch immer auf mehr Ex-DDR-Bürger denn Wölfe stoßen. Hier wie dort gilt es aber einige Grundregeln zu beachten, damit die Begegnung harmonisch verläuft. Der Wolf zum Beispiel mag es überhaupt nicht, wenn man ihm liebevoll, aber ungefragt übers Fell streicht und ihn mit Lob und Liebkosungen zuschüttet. Der Ostler dagegen schon. Auch hier sitzt der Diktaturschaden tief. Jahrzehntelang wurde der DDR-Arbeiter, der DDR-Bauer als Produktivkraft von der Propaganda gebauchpinselt. Selbst wenn er sich am Band, auf dem Bagger oder Mähdrescher als komplette Niete erwies, war sein Job nicht gefährdet. In der offiziellen DDR-Werteskala stand der schwitzende Handarbeiter an oberster Stelle und dies auch, wenn er, statt fleißig für den Plan zu transpirieren, schnarchte oder die Absatzzahlen des VEB Getränkekombinats in die Höhe trieb. Vielleicht hatte der gemeine Werktätige tatsächlich niemals zuvor ein so entspanntes Verhältnis zur Arbeit wie während der vierzigjährigen SED-Herrschaft.

Doch dieser Schlendrian blieb nicht folgenlos. Weil sie ihre Produktivkräfte weder disziplinieren noch stimulieren konnte, kroch die DDR zwangsläufig auf dem Zahnfleisch ihrem Untergang entgegen. Aber damit nicht genug. Da offiziell sowohl die Betriebe als auch das Land allen gehörten, blieb die Frage, wer dafür eigentlich die Verantwortung trug, bis zum Schluss ungeklärt. Der Plan genoss Priorität. Alle Energie, alles Geld floss in die Erfüllung der staatlich vorgegebenen Normen, während die Substanz vergammelte.

Der Westen dagegen inszenierte sich nach dem Krieg mit viel Geld und allerlei architektonischem Schabernack als Hort der Moderne. Was zur Folge hatte, dass etliche historische Gemäuer, anders als im Osten, nicht langsam vergammelten, sondern ruckzuck und unwiederbringlich von der Bildfläche verschwanden.

Insofern war es auch nicht verwunderlich, dass das Beitrittsgebiet nach dem Mauerfall mit dem Charme des Ruinösen unzählige Altbundesbürger anlockte. Sie okkupierten in den Städten heruntergekommene Gründerzeitpaläste und suchten das platte Land erfolgreich nach verwahrlosten Schlössern und Burgen ab. Auf viel Widerstand stießen sie dabei nicht. Eher wurden sie als Phantasten belächelt. Und für einen VW-Golf, Baujahr 75, trat so mancher DDR-Landmann in den Wirren der Transformationszeit nur allzu gern die verbrieften Rechte an seinem zwangskollektivierten 50-Hektar-Acker oder Buchenwald ab.

Doch nicht nur die Neuankömmlinge aus dem Westen hatten hier leichtes Spiel. Noch ärger trieben es die ehemaligen Bosse der landwirtschaftlichen Produktionsgenossenschaften, die ihre riesigen Ländereien und Viehbestände kurzerhand in Privatbesitz nahmen. Mit Unterstützung windiger Berater und Finanziers aus dem Westen kauften sie ihren Angestellten für einen Spottpreis die ihnen zustehenden Genossenschaftsanteile ab und setzten sie anschließend vor die Tür. So wurde die schon in DDR-Zeiten gewachsene Entfremdung zwischen Landbevölkerung und Scholle endgültig zementiert und eine Wiedergeburt des nachhaltig wirtschaftenden Einzelbauern im großen Stil erfolgreich verhindert.

Stattdessen findet der Neuankömmling heute im Osten riesige Agrarbetriebe, an deren Spitze ehemalige Altfunktionäre stehen. EU-gefördert, mit viel Chemie und riesigen Maschinen versuchen diese Oligarchen, das Maximum an Profit aus Land und Vieh zu holen. Ihre wenigen, unterbezahlten Angestellten rekrutieren sie aus dem riesigen Reservoir von alteingesessenen Agrarproletariern. Facharbeiter für Rinderzucht, die keine Sau mehr von einem Eber unterscheiden können, oder Schweinemastfacharbeiter, die noch nie ein Euter zwischen die Finger bekommen haben.

Diese hochspezialisierten Lohnkräfte haben schon zu DDR-Zeiten liebend gern eine feuchte Schnitterkate mit Garten gegen eine Neubauwohnung ohne Grün getauscht und auch keine Träne vergossen, wenn die alte Feldsteinfriedhofsmauer komplett abgetragen und von Devisenhändlern in den Westen verkauft wurde.

Besonders in jenen Regionen, wo nach dem Krieg ohnehin eine gewaltige Bevölkerungsverschiebung stattgefunden hat, wuchs die Distanz zwischen Mensch und Scholle. Flüchtlinge und Heimatvertriebene kamen aus dem Osten und mussten in Dörfern und Landschaften sesshaft werden, zu denen sie keine emotionale Bindung besaßen. Im Gegenzug wurden Großbauern und Gutsherren ihrer Ländereien entledigt. Höfe und Schlösser, Parks und Gärten, die seit Generationen in Familienbesitz waren, gehörten nun allen und damit wiederum keinem. So sozialutopisch diese Idee auch schien, spätestens mit der Zwangskollektivierung offenbarte sie ihr kulturelles Vernichtungspotenzial. Ein schleichender Prozess der Verwahrlosung begann, der auch die Bewohner dieser Regionen prägte. Ihnen ist ein nüchterner Pragmatismus eigen, der wenig Respekt vor in Jahrhunderten gewachsenen Landschaften, vor geschichtsträchtigen Mauern, vor handgepflasterten Straßen und idyllischen Feuchtbiotopen kennt.

Also wundern Sie sich nicht, wenn ein irregeleiteter ABM-Trupp die alte Backsteingotikkapelle, die seit dem Krieg als Feuerwehrhäuschen dient, mit ungelenker Kelle neu verputzt und signalrot streicht. Ebenso viel Nachsicht ist geboten, wenn ein Schwarm von Ein-Euro-Jobbern über die uralte Kopfweidenallee herfällt und auf Kniehöhe absägt, damit von deren Kronen auch ja kein Vogel versehentlich auf ihre Autos kackt.

Andererseits hat der Ostler auch gute Seiten. Soziologen preisen immer wieder sein großes Herz, seine Bescheidenheit und sexuelle Freizügigkeit. Er ist zwar demokratieskeptisch, konfliktscheu und maulfaul. Aber dafür werden ihm bis heute – im Gegensatz zum gemeinen Westler – solidarisches Denken und ein ungebrochener Gemeinschaftssinn attestiert. Sicher, das mag alles zutreffen, verliert aber schnell an Gültigkeit, wenn ein Fremder in den warmen Kreis tritt.

Ebenso wenig ist dem vermeintlich lockeren Sexualverhalten zu trauen, was die Forscher dem Ostdeutschen bescheinigen. Verfallen Sie deshalb also nicht der naiven Hoffnung, Ihre neuen Nachbarn würden es ähnlich halten wie weiland die Indios mit den spanischen Konquistadoren und Ihnen ihre Frauen als kleines Willkommensgeschenk ins Bett schieben. Solche Riten mögen zwar, wie Ethnologen beteuern, in patriarchalen, Ackerbau treibenden Gesellschaften Usus sein, im Osten sind sie es aber definitiv nicht. Hier legt sich die Frau höchstens ohne Rücksprache mit ihrem Gatten auf die Liege eines Fremden, wenn sexuelle Beglückung, sozialer Aufstieg oder auch nur Ablenkung vom tristen Alltag winkt.

Ähnlich kompliziert sieht es mit dem vermeintlichen Hang der Ostler zu permanenter Entblößung aus. Was unter dem Kürzel FKK ebenso gern als DDR-Errungenschaft gefeiert wird wie das grüne Ampelmännchen und der Linksabbiegerpfeil. Dabei gehört der Begriff Freikörperkultur und das damit bezeichnete Freizeit- und Badeverhalten zu den größten interkulturellen Missverständnissen. Fest steht, dass sich der DDR-Bürger an den Stränden der Ostsee und an den zahlreichen Binnengewässern Ostdeutschlands gern und in großer Zahl bar jeder Badekleidung blicken ließ. Und dies ohne Rücksicht auf Alter und Geschlecht. Nur wäre es falsch, daraus – wie es bis heute gern getan wird – eine besonders hohe Bereitschaft zur sexuellen Kontaktaufnahme abzuleiten, im Ostler also quasi einen von allen Schamgrenzen befreiten waldursprünglichen Homo sapiens zu sehen.

Eher kann man in der Freikörperkultur ein kollektives Insistieren auf Privatheit begreifen. Da der Ostler, wie bereits erwähnt, einen eher entspannten Erwerbsalltag hatte, brauchte er ein markantes Zeichen, das Urlaub und Freizeit weithin sichtbar von der Arbeit abgrenzte. Indem er sich auszog, machte er unmissverständlich klar, dass er sich nun nicht mehr im Arbeitsprozess befand. Deshalb sollten Sie nicht unbedingt auf Beifall hoffen, wenn Sie den Eintritt in Ihr neues Aussteigerleben durch barbusiges Rasenmähen oder schlüpferfreies Holzhacken in Permanenz feiern. Solch ein haltloses Switchen zwischen Freizeit und Arbeit schätzt man in ostdeutschen Dörfern erfahrungsgemäß nicht.

PUBERTÄT UND PFERDESPORT
ODER WIE DAS LEBEN ZUM PONYHOF WIRD UND PRIVATE PÄDAGOGIK PROBLEMLOS PUNKTET

Über die pädagogische Nützlichkeit des Pferdesports wurden ja bereits einige anerkennende Worte verloren. Aber selbst wenn Sie keine pubertierenden Töchter haben und sich nicht mittels Hengsterwerb die motorisierte männliche Dorfjugend vom Hals schaffen müssen, kann so ein Tier Freude spenden.

Natürlich macht es auch Arbeit und kostet Geld. Für Versicherung, Hufschmied, Tierarzt, Stroh, Heu und Hafer zahlen Sie gut und gern 500 Euro im Jahr. Und das ist nur der Anfang. Macht so ein Tier doch nur Sinn, wenn Sie hin und wieder darauf sitzen können. Also brauchen Sie jede Menge Reit- und Putzutensilien. Was, wenn Sie den entsprechenden Ehrgeiz entwickeln, schnell dazu führen kann, dass Ihnen das Pferd nicht nur die Wiese kahl, sondern auch noch die Haare vom Kopf frisst.

Sollten Sie daran zweifeln, blättern Sie nur einmal in den über dreihundert bunt bedruckten Katalogseiten, die der Branchenführer Krämer halbjährlich an seine Kunden verschickt. Und selbst wenn Sie auf all den dort aufgelisteten und meist überflüssigen Schnickschnack verzichten können, weil Sie es gelernt haben, nach Indianerart ohne Sattel, Stiefel und Trense mit 60 km/h über die Felder zu toben – billig wird der Spaß trotzdem nicht.

In der Regel frisst ein mittelgroßes Pferd im Jahr ein Fußballfeld leer. Das sind knapp 10 000 Quadratmeter oder, um in agrarischen Kategorien zu bleiben, ein Hektar beziehungsweise vier Morgen. Sollten Sie tatsächlich über so viel Weidefläche verfügen, sei es Ihr eigenes oder auch gepachtetes Land, sparen Sie sich viel Zeit, Geld und Arbeit. Denn spätestens ab April können Sie die Tiere im Freien sich selbst überlassen. Und vor dem ersten Schnee müssen sie auch nicht zurück in den Stall. Robuste Rassen können sogar ganzjährig im Freien stehen, benötigen im Winter nur einen überdachten Unterstand, eine eisfreie Tränke und etwas Heu.

Doch zurück zum Pferd als Freudenspender, Sport- und Transportgerät. Die Kunst des Reitens ist ungefähr genauso schwer zu erlernen wie die des Autofahrens. Und hier wie dort ist es zumeist eine Frage des Lehrers, wie schnell es geht. Insofern ist schon bei der Wahl des Trainers oder der Trainerin Obacht geboten. Wer es gern hart mag, wird in der Branche schnell fündig. Gerade unter den Reitlehrern sind – ganz gleich ob Mann oder Frau – die Anhänger der harschen Kommandos, der verbalen und echten Peitschenhiebe in der Überzahl. Schauen Sie sich beim ersten Besuch in der Reithalle unauffällig um. Wenn Sie in Eingangsnähe ein kleines Arsenal unterschiedlich großer Gerten erblicken, sind Sie als masochistisch veranlagter Eleve hier ebenso gut versorgt wie als Freund deftiger Pferdespezialitäten.

Sollte es Ihnen aber bereits schwerfallen, Ihren eigenen Hund anzuraunzen, obgleich er zum wiederholten Male sein schlammig-nasses Fell auf Ihrem Bett getrocknet hat, dann ziehen Sie weiter. Irgendwo gibt es bestimmt auch in Ihrer

Gegend einen Reitlehrer oder eine Reitlehrerin, der oder die sich der Philosophie des Pferdeflüsterers Monty Roberts verschrieben hat. Robert Redfort verkörperte diesen Pionier der antiautoritären Pferdeerziehung 1998 in dem Hollywoodstreifen »The Horse Whisperer«. Und Redfort ist es wohl zu verdanken, dass inzwischen der barsche Kasernenton nicht mehr in jeder Reithalle als das Nonplusultra der Pferdedressur gilt.

Aber egal ob Sie und Ihr Pferd mit Peitsche und Gebrüll oder leise und gewaltfrei zueinandergebracht werden, am Ende stehen Sie mit ihm allein auf der Wiese. Und spätestens dann sollten alle Zweifel darüber, wer von Ihnen beiden Ross und wer Reiter ist, ausgeräumt sein.

Ansonsten ähnelt der Sport dem Autofahren. Es gibt hirnverbrannte Raser, die mit Lichthupe die Überholspur leer fegen, und solche Kfz-Inhaber, die nur sonntags und mit Hut hinterm Lenkrad sitzen. Irgendwo dazwischen können Sie sich mit Ihrem Pferd platzieren, und was andere dazu sagen, darf Ihnen egal sein, solange Sie Spaß haben und sich nicht das Genick brechen.

*

Schön wäre es, wenn es Ihnen gelänge, das Pferd auch für die Agrarproduktion zu interessieren. In vielen Dörfern stehen alte landwirtschaftliche Geräte nutzlos herum, nur weil sie für ein oder zwei PS ausgelegt sind und hinter eine moderne Zugmaschine gespannt versagen. Pflüge, Eggen, Heuwender, Mähmaschinen, so gut wie jede Apparatur, die Sie für die kleinbäuerliche Landwirtschaft brauchen, finden Sie darunter. Natürlich brauchen Sie für den Betrieb dieser archaischen, aber unverwüstlichen Geräte halbwegs robuste Pferde. Aber einmal für den Acker ausgebildet, können sie Ihnen billige, treue Helfer sein.

Natürlich geht auch ein alter Traktor mit entsprechendem Zusatzgerät. Dessen Anschaffung lohnt sich aber nur, wenn Sie zu jener Sorte Mensch gehören, die auch beim eigenen Auto eine defekte Ölwanne ohne fremde Hilfe reparieren können. Sicher, man wächst mit seinen Aufgaben, und gerade die dörfliche Ödnis lädt dazu ein, sich in bislang fremden Fertigkeiten zu üben und allerlei Gerät auf seine Nützlichkeit oder sein Spaßpotenzial zu testen.

Wer schon immer einen Jeep fahren wollte, sich ihn aber in der Stadt aus Vernunftgründen nicht zu kaufen wagte, kann nun zuschlagen. Eine Hängerkupplung reicht aus, und kein Mensch käme hier auf die Idee, einem männliches Imponiergehabe oder wehrsportliche Ambitionen zu unterstellen, nur weil man ohne Verdeck mit einem alten Bundeswehr- oder NVA-Geländewagen über die Feldwege brettert. Ein Stück Wiese oder Wald genügt, um das Gefährt moralisch sauber als Arbeitsgerät zu deklarieren. Und sollten Sie sich tatsächlich einen Traktor oder ein Universal-Motorgerät, kurz Unimog genannt, zugelegt haben, dürfen Sie das Ding sogar steuerfrei als landwirtschaftliches Produktionsinstrument in Ihren Fuhrpark integrieren.

Selbst aus pädagogischen Gründen ist so ein Fahrzeug sinnvoll. Ähnlich wie das Pferd der pubertierenden Tochter hilft der alte Traktor dem halbwüchsigen Sohn, mit den Tücken der postkindlichen Selbstfindung klarzukommen. Setzen Sie den Knaben am Samstagvormittag hinters Lenkrad und lassen ihn unter Ihrer Anleitung ein paar Runden über den hauseigenen Acker kurven. Vor der Polizei müssen Sie sich nicht fürchten. Wenn Ihr Grundstück ordnungsgemäß umzäunt ist, gilt dort nicht die StVO, sondern allein Ihre elterliche Fürsorgepflicht. Mit solchen juristischen Spitzfindigkeiten müssen Sie Ihren Sohn aber nicht behelligen. Lassen Sie ihn ruhig in dem Glauben, dass Sie auf dem Traktor gemeinsam den Regeln des Systems trotzen. Das schafft Selbstvertrauen beim jungen Menschen und lässt die kritische Distanz zu jedweder Form staatlicher Autorität wachsen. Wer so auf dem eigenen Feld von väterlicher Hand seelisch gefestigt wird, läuft auch kaum Gefahr, sich in anrüchigen Gruppierungen oder durch halsbrecherische Aktionen Meriten verdienen zu müssen.

*

Doch nicht erst in den Zeiten pubertärer Irrungen und Wirrungen kann die ländliche Provinz ihren Nachwuchs physisch und psychisch stärken. Wer bereits im Kleinkindalter über Wiesen robben, mit Hunden und Katzen tollen und sich die sandigen Mohrrüben aus dem Beet ziehen und inklusive Regenwurm selbst in den Mund stecken darf, wird nicht so leicht Opfer jener Allergien und Phobien, die heute großstädtische Arztpraxen füllen.

Überhaupt erzieht das Land Eltern wie Kinder zu einer gesunden Unbekümmertheit im gemeinsamen Miteinander. Das fängt schon im Säuglingsalter an. Wer als Landfrau Wiege oder Krabbelbox in Sicht- und Hörweite eines Hühnerstalls platziert, bietet seinem Kind kaum eine Chance, aus Langeweile loszubrüllen. Im Gegenzug lassen sich auch diverse herkömmliche Hausarbeiten unter freiem Himmel wesentlich entspannter erledigen. Ganz zu schweigen von der Wäsche, die im eigenen Garten bei frühlingshaftem Sonnenschein nicht nur schneller trocknet, sondern auch unschlagbar einschmeichelnd zu duften beginnt.

Selbst Kinder, die anderenorts als ADHS-Patienten gelistet und mit Psychopharmaka ruhiggestellt werden, können auf dem Lande oft ohne Ärzte und Arzneien glücklich werden. Wo man ungestört und nur mäßig gefährdet durch die Wälder streifen und in Seen springen kann, wo keine komplizierte Einladungspolitik nötig ist, um auf Spielgefährten zu treffen, wo Scheunen und Heuschober zum Toben laden, ist das Kind in der Regel so ausgepowert, dass es abends seine Eltern nicht mehr nerven kann.

QUALIFIZIERUNG QUERBEET
ODER WELCHE QUELLEN DEN GEQUÄLTEN AUSSTEIGER ERQUICKEN BEZIEHUNGSWEISE WENIGSTENS TRÖSTEN

Quälend kann das Landleben sich gestalten, wenn man mit seinem Latein am Ende ist und niemanden hat, der einem mit Rat und Tat zur Seite steht.

Mag sein, Sie rutschen nie in eine solche Misere. Falls es aber doch einmal passiert, sollten Sie wenigstens ein paar Bücher und Internetadressen zur Hand haben, um nicht gänzlich nackt im Regen zu stehen. Versuchen Sie erst gar nicht, mit allem Ungemach alleine klarzukommen. Bekennen Sie sich zu Ihrer Unbedarftheit, gehen Sie Ihre neue Aussteigerexistenz offen als Lernender an. Wissen doch die wenigsten von uns, wie man einem Huhn den Hals umdreht, einem Kaninchen das Fell über die Ohren zieht, Spargel anbaut oder die Küchenwand von Schimmelbefall befreit.

Für das letztgenannte Problem und alle anderen Fragen, die Ihr Haus substanziell betreffen, gibt es Internetforen wie fachwerk.de oder bau.net. Dankenswerterweise verbringen unzählige Häuslebauer und Einsiedler viel Zeit damit, ihre oft leidvoll erworbenen Kenntnisse über das Netz der Allgemeinheit zugänglich zu machen. Das Reservoir an persönlichen Erfahrungsberichten ist inzwischen so groß, dass sich hier auf halbwegs jede Frage zum Thema Haus eine Antwort findet. Leider aber bleibt es nur selten bei der einen Lösung.

Fast alle Foren sind ein Tummelplatz widerstreitender Meinungen. Da wettern die Anhänger der Fußbodenheizung gegen die Befürworter der klassischen Rippenheizung, während diese wiederum mit den Sympathisanten von Unterputzwandheizungen hadern. Die einen berufen sich auf die Antike, verteidigen ihre Fußboden- oder Wandheizungen mit Verweis auf das alte Rom als klassisches Kulturgut, während ihnen ihre Widersacher den baldigen Tod durch Krampfadern, Thrombose oder Lungenembolie prophezeien.

Solch hitzige Debatten und ausfernde Grabenkämpfe haben einerseits einen hohen Unterhaltungswert, liefern daneben aber auch eine Fülle wichtiger Informationen und minimieren so erheblich das Risiko von Fehlinvestitionen.

Bücher können da leider kaum mithalten. Dazu ist die Entwicklung im Bereich der Heiz- und Haushaltstechnik einfach zu rasant. Was heute noch als technologisch revolutionär und ökonomisch unschlagbar gehandelt wird, kann morgen schon als hochtoxisch auf dem Index der baubiologisch bewusst agierenden Heimwerkergemeinde stehen.

*

Es gibt aber auch Weisheiten, die sind zeitlos, denen können noch so gewaltige Innovationsschübe nichts anhaben, die stehen wie in Stein gemeißelt und überdauern zwischen Buchdeckel gepresst alle Moden und technischen Neuerungen. Gerade wenn es um unser Verhältnis zum Tier, zum Nutz- und Schlachtvieh geht oder um den richtigen Umgang mit dem Land, das uns nähren soll, sind die archaischsten Regeln oft die besten.

Der 2004 verstorbene Engländer John Seymour war ein Pionier auf diesem Gebiet. Er schrieb die Bibel der stadtflüchtigen Selbstversorger. Sein 1975 erstmals erschienenes Standardwerk »Das große Buch vom Leben auf dem Lande« ist bis heute der nicht nur weltweit meistgelesene, sondern auch tatsächlich noch immer beste Ratgeber für all jene, die dem urbanen Stress entfliehen und als einfacher Landmann glücklich werden wollen.

Seymours Ideal ist die Autarkie. »Wenn morgen die übrige Welt in die Luft gehen sollte, könnten wir hier glücklich weiterleben und würden kaum einen Unterschied merken«, schrieb Seymour über sein Aussteigerdomizil und wusste dabei genau, wovon er sprach. Er arbeitete als Tierarzt und Farmer in Afrika, kämpfte als britischer Soldat im Zweiten

Weltkrieg in Asien und Europa und lebte Jahrzehnte in Wales als Selbstversorger auf der eigenen Farm, bevor er im fortgeschrittenen Alter sein erstes Buch schrieb.

Seymour nimmt seinen Lesern die Angst vor dem eigenverantwortlichen Landleben. Er vermittelt ihnen das Gefühl, dass keine Herausforderung zu groß sein kann, um sich ihr nicht mit mutig entblößter Brust und ohne jegliche Vorkenntnisse entgegenzuwerfen. Egal ob Schweine-, Schaf-, Ziegen- oder Milchviehzucht, egal ob Bierbrauen, Buttern oder Blutwurstmachen – in der Regel genügen zwei bis fünf Seiten aus Seymours Ratgebern, um sich in jedem nur vorstellbaren bäuerlichen Tätigkeitsfeld heimisch und sattelfest zu fühlen. Das Zerlegen eines Schweins erscheint einem nach der Lektüre ebenso kinderleicht wie der Bau einer Komposttoilette.

Und solange man alles hübsch der Reihe nach erledigt, fährt man mit Seymours Tipps auch nicht schlecht. Allerdings scheint es Gott mit der Farm des Engländers gut gemeint zu haben, Krankheiten und Seuchen, Schädlingsbefall und Wühlmausplagen sind bei Seymour nicht vorgesehen.

Insofern sind seine Bücher auch die ideale Einstiegsdroge für alle Stadtflüchtlinge mit bäuerlichen Ambitionen. Sie machen Mut, wecken den Tatendrang und zeigen das ungeheure Potenzial des ländlichen Lebens auf. Was will man mehr. Und wenn Ihre Hühner überraschenderweise nicht so wie Seymours Hennen wollen, die angeblich zwanzig Jahre ohne zu kränkeln in der walisischen Erde scharrten, findet sich ja zum Glück im Internet noch huehner-info.de.

Es gibt allerdings noch ein anderes Problem mit dem Hohepriester des autarken Landlebens. Es ist Seymours Pragmatismus. Wenn es darum geht, ohne viel Geld und Aufwand Hühnerställe, Schweineboxen und Komposthaufen zu errichten, greift er gerne auf Materialien wie Wellblech, Papiertüten und Autoreifen zurück. Baustoffe also, die Ihrem Anwesen blitzschnell die räudige Optik einer vom Alkoholismus gebeutelten weißrussischen Kolchose verleihen können.

Aber für Puristen ist Seymor ohnehin die falsche Adresse. Wer finanziell so gut gestellt ist, dass er auf Provisorien verzichten und sein Landleben auch optisch gefällig gestalten kann, dem wird auf den Internetseiten des Unternehmerverbandes Historische Baustoffe besser geholfen. Unter historische-baustoffe.de sind so gut wie alle wichtigen deutschen Anbieter antiker Baumaterialien versammelt.

RATENZAHLEN UND REBELLIEREN
ODER WARUM MITREGIEREN RATSAM IST, DAMIT DIE LÄNDLICHE RUHE NICHT UNTER DIE RÄDER KOMMT

Egal wie Sie es auch drehen, ein Haus auf Pump zu erwerben ist Mist. Natürlich kann es vorkommen, dass Sie eines Tages vor einem Gutshaus mit eigenem Park und See stehen und sich verwundert die Augen reiben, weil so viel stille Pracht tatsächlich einen neuen Besitzer sucht. Vielleicht haben Sie

Glück, und die Immobilie ist tatsächlich ein Schnäppchen, die Bausubstanz in Ordnung, die Nachbarschaft lärm- und giftfrei, die Architektur sowohl innen wie außen purer Jugendstil. Und im Preis von 150 000 Euro sind auch noch van de Veldes Gartenmöbel mit inbegriffen. Selbstverständlich greift man in solchen Momenten zu. Auch wenn ein nüchterner Blick aufs Konto genügt, um diesen Schritt als tollkühn bis selbstmörderisch zu klassifizieren.

Aber solche Augenblicke sind rar gesät. Gemeinhin gibt es für diesen Preis entweder unberührte Natur oder eine halbwegs ansehnliche Altimmobilie. Will man beides zusammen haben, geht es nicht ohne Abstriche. Entweder sind im idyllischen Gutspark chemische Kampfmittelrückstände vergraben, ist die Jugendstilvilla bis unters morsche Dach vom Hausschwamm befallen, oder Sie haben beim Preis einfach nur eine Null übersehen.

Aber egal ob kontaminierter Park oder exorbitante Kaufsumme, auf jeden Fall gibt es nach gründlicher Prüfung meist genügend Gründe, nicht schwach zu werden. Denn letztendlich wird man nur in einer Immobilie glücklich, die die eigenen finanziellen Möglichkeiten nicht übersteigt.

Zuweilen kommt es trotzdem vor, dass das ersparte Geld nicht reicht, um sich den Traum vom ländlichen Leben zu erfüllen. Dann schlägt die Stunde der Banken, die mit Immobilienkrediten winken. Vorausgesetzt, Ihr SCHUFA-Führungszeugnis ist ohne Makel, Ihre Einkommenssteuererklärung vertrauenerweckend und Ihr Eigenkapitalsockel so hoch, dass er 20 Prozent des Kaufpreises abdecken kann, wird Ihnen jedes Geldinstitut gerne die fehlende Restsumme leihen.

Spätestens dann wird klar, dass Geld ziemlich teuer sein kann. Für einen Hunderttausendeurokredit, der in Monatsraten zu 500 Euro über 30 Jahre abzustottern ist, zahlt man ungefähr noch einmal 100 000 Euro an Zinsen. Und – was vielleicht noch schlimmer ist – das Traumhaus gehört der Bank. Sie steht mit im Grundbuch. In früheren Zeiten war das kein Problem. Seit aber auch die letzte Kreissparkasse dem Globalisierungsrausch erlegen ist und ihre milchbärtigen Eleven an den Börsen der Welt um die Wette zocken lässt, ist auch hier Vorsicht geboten. Denn urplötzlich teilt man sein kleines Häuschen nicht mehr mit der Bank von nebenan und dem jungen Mann mit der lustigen Bürzelfrisur vom Privatkundenbetreuungsschalter, sondern mit finsteren US-Hedge-Fonds-Managern. »Wird nie passieren!«, annoncieren hierzulande unisono Sparkassen und Raiffeisenbanken. Aber allein der Umstand, dass sie dies für viel Geld ganzseitig tun, sollte einen misstrauisch stimmen.

Seien Sie also wachsam, leihen Sie sich nur im äußersten Notfall Geld! Wenn Sie es aber tun müssen, fragen Sie lieber erst Tante oder Schwiegermutter, bevor Sie an einen Kreditberatertresen treten.

*

Vom fehlenden Geld ist es nur ein kleiner Schritt zur großen Politik. Mag sein, Sie haben das Treiben unserer Staatslenker bislang nur aus der Kritikerperspektive vom Kneipentisch oder Sofa aus betrachtet. Sie schauen regelmäßig die Tagesschau, Illner oder Will, kübeln Häme und kreuzen trotzdem alle paar Jahre brav eine Partei an, die Sie aus unerfindlichen Gründen für das Geringste aller zur Wahl stehenden Übel halten. Solch eine Haltung ist nicht verwerflich. Millionenfach praktiziert, hat diese Art virtueller Supervision Deutschland zu einer der weltweit stabilsten und angesehensten Demokratien gemacht. Aber was im Großen funktioniert, muss im Kleinen noch lange nicht laufen.

Auf dem Land nämlich schießt sich der miesepetrige Anhänger der Passivdemokratie ins eigene Knie. Hier ist zwar inzwischen auch die Wurst von ALDI, die Politik wird aber seltsamerweise noch immer hausgeschlachtet und handgemacht. Wer hier die für Sie als Garten und Haus besitzenden Stadtflüchtling relevanten Entscheidungen trifft, sitzt in keiner Talk-Show. Er gehört oft auch nicht einmal einer Partei an. Und trotzdem kann er Ihnen mehr Ungemach bescheren, als alles, was da unter der Berliner Reichstagskuppel grün, gelb, rot, rosa oder schwarz schimmert. In Deutschland werden zwei Drittel der öffentlichen Investitionen von den Gemeinden getätigt. Egal ob Wasser-, Strom-, Gasversorgung, Abwasser- und Müllbeseitigung, ländlicher Wegebau, Gewerbegebiets- und Baulandausweisung, Rad- und Gehwegeplanung, Straßenbeleuchtung oder Dorfplatzverschönerung – über all diese Fragen wird fern jedweder Kamera entschieden. Nicht in Berlin, sondern in Ihrer unmittelbaren Nachbarschaft. Sollten Sie ein Freund asphaltierter Waldwege und Anhänger nächtlicher Dorfillumination sein, sich einen hauptstadtreifen Bürgersteig vor Ihrem Gartenzaun ebenso sehnlich wünschen wie ein geklinkertes Buswartehäuschen für Ihr Zwölfseelennest, muss Sie das nicht weiter sorgen. Sind dies doch alles Vorlieben, die Sie vermutlich mit jenen Bauunternehmern und Handwerkstreibenden teilen, die sich bislang in Ihrem Gemeinderat oder Kreistag ehrenamtlich um die regionalen Belange kümmern.

Was in der großen Politik das mühsame und teure Geschäft von Lobbyisten ist, geschieht in der Provinz in der Regel in Personalunion. Wer hier den Arm zum Bau eines neuen Gewerbegebietes hebt, besitzt entweder den betreffenden Acker oder lässt alsbald gewinnbringend seine Bagger drüber kreisen.

Gegen solche Strukturen Sturm zu laufen wäre ebenso tollkühn wie zwecklos. Man muss lernen, sie für seine Zwecke nutzbar zu machen. Gegen Windkraft- und Großviehmastanlagen rebelliert man nicht mit Tierschutzargumenten. Dem gemeinen Landmann ist es egal, ob die Sauen Schwarte an Schwarte auf kalten Gitterrosten stehen oder Kranich und Storch von Rotorblättern die Beine abgesäbelt bekommen. Was ihn da schon eher auf die Barrikade treibt, ist der Umstand, dass der Wiederverkaufs- und Beleihwert seines Hofes mit der neuen Nachbarschaft prompt um die Hälfte fallen würde. Und ebenso schnell kann man mit solch schnöden wirtschaftlichen Argumenten auch das lokale Hotel- und Gaststättengewerbe auf seine Seite ziehen. Voraussetzung ist allerdings, dass man weiß, was wo an kleinen und großen Schweinereien droht.

An diese Informationen kommt man aber nur, wenn man im Gemeinderat wenigstens einen Gesinnungsgenossen sitzen hat. Klären Sie am besten gleich nach Ihrer Ankunft, wie die Machtverteilung in Ihrer Kommune geregelt ist. Erkundigen Sie sich nach dem nächsten Sitzungstermin des Gemeinderats und platzen Sie ohne Voranmeldung in die

Runde. Das ist Ihr gutes Recht, und wenn Sie sich dann auch noch brav mit Name und Hausnummer als Neuankömmling vorstellen, wird kaum einer der Anwesenden Argwohn schöpfen. Nutzen Sie den öffentlichen Teil der Versammlung, um sich ein erstes Bild von der Eloquenz und der Reputation der Kommunalvertreter zu machen.

Natürlich geht es auch ohne Intrigen und politische Ränkespiele. Sie können Lichterketten bilden, Sitzblockaden und Hungerstreiks organisieren. Aber bevor Sie so weit sind und ein halbes Dutzend Mägen auf Ihr Kommando knurren, ist Ihr Dorf bereits komplett versiegelt und Sie dürfen dafür anteilig die horrenden Kosten übernehmen.

SINGLES UND SEXUALKONTAKTE
ODER WARUM ES SINNVOLL IST, SICH NICHT GEGEN FREMDE SITTEN ZU STRÄUBEN

Wenn Sie tatsächlich ganz allein der Stadt den Rücken gekehrt haben, also unbeweibt oder unbemannt auf dem Land aufschlagen, bleiben Ihnen zwei Möglichkeiten. Entweder Sie nutzen den Ausstieg als Einstieg in ein asketisches Leben, oder aber Sie schauen sich nach jemandem um, mit dem Sie Ihr neues dörfliches Leben teilen können. Eile ist dabei allerdings geboten. Denn nur solange der Staub der Metropole noch an Ihnen haftet, können Sie sich der erhöhten Aufmerksamkeit potenzieller Sexualpartner sicher sein. Vorausgesetzt, Sie wollen tatsächlich zum kulturellen Brückenbauer avancieren und unter der alteingesessenen Dorfbevölkerung fündig werden.

Abzuraten ist von solch einem kühnen Schritt nicht, obgleich er auch einige Risiken in sich bürgt. Doch fangen wir mit Vorteilen an.

Ein stattlicher Eingeborener, eine schöne Eingeborene an Ihrer Seite ist wie ein Blindenhund. Mit einem solchen Partner an der Hand werden Sie alle Fallstricke, die in der Fremde auf Sie lauern, sicher umgehen. Das spart nicht nur viel Geld, sondern schont auch die Nerven. Handwerker ziehen Sie nicht über den Tisch, schwarze Schafe in der Nachbarschaft werden sofort geoutet, und ein Traktor für den ersten Holzeinschlag ist auch schnell organisiert.

Wenn Sie also eine sofortige und totale Assimilation anstreben, gibt es keinen besseren Weg als die Anwerbung eines neuen, regional verwurzelten Lebensabschnittbegleiters. Und auch für Ihre Libido kann solch eine Beziehung erfrischend sein. Ist doch für gewöhnlich der ländliche Körper nicht nur stabiler gebaut, sondern auch von weniger psychischen Macken geplagt als sein urbanes Pendant. Wer auf rosig festes Fleisch und unkomplizierten Sex ohne inquisitorische Rahmenbefragung steht, sollte also zugreifen und eine geschlechtliche Vereinigung im Geiste der Rügenwalder Wurstreklame anstreben. Auch wenn in solch einem Jointventure einige Gefahren lauern.

*

Gerade in Regionen, wo die Bevölkerung durch die Wirren von Krieg, Vertreibung, sozialistischer Umgestaltung und privatwirtschaftlicher Restauration landsmannschaftlich heftig durcheinandergewürfelt wurde, hat der verbissene Widerstand gegen alle ästhetischen und kulinarischen Domestizierungsversuche leider identitätsstiftenden Charakter angenommen. Im eigenen Geschmack, auch im schlechten, äußert sich in Zeiten der Globalisierung trotzig der Selbstbehauptungswille. Insofern ist es für einen kultivierten Aussteiger auch nicht ganz einfach, hier Anschluss zu finden. Gewagte Frisuren, farbenfrohe Kleidung, rustikales Trink- und Essverhalten schrecken den sensiblen Stadtflüchtling oft.

Zwar sind Äußerlichkeiten nicht alles, aber irgendwie doch mehr als die halbe Miete. Trotzdem sollte man als Neuankömmling auch die Möglichkeit der sexuellen Kontaktaufnahme mit Vertretern oder Vertreterinnen der angestammten Bevölkerung nicht von vornherein ausschließen. Ästhetische Verirrungen sind in der Regel temporär, das heißt, durch beharrliches Zureden und betreutes Shopping innerhalb kürzester Zeit zu korrigieren.

Vorausgesetzt, Ihr potenzieller Partner fürchtet nicht, durch eine Beziehung mit einem Zugereisten seine Reputation zu ramponieren. Auch wenn es vielleicht merkwürdig erscheint, so ist doch gerade für die junge, sexuell aktive Landbevölkerung der städtische Aussteiger die Inkarnation des hundertprozentigen Scheiterns – ein fleischgewordener Versager. Unrasiert, unfrisiert, ungeduscht und unstet beschäftigt, können Sie hier kaum punkten. Die alte Soziologenregel, dass man sich außerhalb der eigenen Spezies nur aufwärts paart, gilt insbesondere für den weiblichen Teil der Dorfpopulation.

Sicher, Sie beherrschen die Kunst der Fußreflexzonenmassage und können Hölderlin aus dem Kopf rezitieren, doch das alles nutzt Ihnen herzlich wenig. Wenn Ihr in Ehren ergrautes Auto erst einmal ein kryptisches Provinzkennzeichen trägt, sind Sie als Loser amtlich ausgewiesen.

Das männliche Ideal der deutschen Landfrau ist noch immer Edward Lewis. So hieß Richard Gere 1990 in »Pretty Woman«. Und auch wenn damals Julia Roberts eine Prostituierte spielte – die Hoffnung, irgendwann von einem Märchenprinzen mit einer großstädtischen Luxuslimousine aus dem persönlichen Jammertal chauffiert zu werden, ist nicht nur im Rotlichtmilieu seit fast zwanzig Jahren ungebrochen.

Also, wenn Ihnen tatsächlich und allen kulturellen Hürden zum Trotz der Sinn nach grenzübergreifender Vereinigung steht, nutzen Sie die Gunst der ersten Stunde. Erst einmal vom Laisser-faire des Landlebens gepackt, wird Ihre sexuelle Anziehungskraft rapide sinken.

*

Doch wo können Sie fündig werden? Neben dörflichen Festen, die in der Regel in der Lokalzeitung mit dem Zusatz »für das leibliche Wohl wird gesorgt« annonciert werden und über deren Eigenheiten bereits an anderer Stelle informiert wurde, sind es vor allem private Feiern, die zur geschlechterübergreifenden Kontaktaufnahme einladen.

Wenn Sie das Glück haben und tatsächlich von Ihren Nachbarn zu einer solchen Lustbarkeit geladen werden, gehen Sie behutsam vor. Sie betreten schwer vermintes Gelände. Anders als in der Stadt, wo Jugendliebe, geschiedene Gatten, illegitime Kinder und Seitensprungpartner sich höchst selten auf einem Fleck zum feucht-fröhlichen Miteinander versammeln, sind solch bizarre Treffs auf dem Lande eher der Regelfall. Naturgemäß sind derartige Gemengelagen hoch explosiv und besonders für den unbedarften Besucher gefährlich. Insofern ist es ratsam, sich gleich bei oder unmittelbar nach der Begrüßung darüber zu informieren, wer von den Anwesenden mit wem in welcher Beziehung stand oder steht. Wiederholen Sie die dabei gewonnenen Erkenntnisse ruhig laut, denn anders als in Hochadelskreisen ist Ihr genealogisches Interesse hier mangels Masse über den Verdacht der Erbschleicherei erhaben. Nachfragen wie »Du bist also die Tochter von dem Ingo, der wiederum jetzt mit deiner Stiefschwester Mandy zusammen ist und die beide bei deinem Exmann Mario und seiner neuen Frau Yvonne in dem Haus gleich neben der Kirche wohnen?« lösen allenfalls Heiterkeit aus. Weil Yvonne eben nicht nur die neue Frau von Mario, sondern zugleich auch noch die jüngere Schwester von dessen ehemaliger Schwiegermutter Sabine ist, die jetzt aber nicht hier ist, weil sie bei Lidl in Hamburg hinter der Kasse sitzt. So kann sie auch nicht sehen, wie Sie ihrer Tochter, also Marios Verflossener, in den tiefergelegten Ausschnitt der roten Bluse starren, die sie erst gestern bei KiK für 3,99 Euro gekauft hat.

Sie sehen, ganz einfach ist die dörfliche Stammbaumforschung nicht, weshalb auch dringend angeraten ist, gleich zum Anfang der Feier damit zu beginnen. Ist der Blick erst einmal vom Alkohol getrübt, lassen sich die komplizierten dörflichen Strukturen kaum noch durchschauen. Sicher, da Sie gänzlich neu in der Gegend sind, kann Fusel-bedingte

Blindheit nicht direkt zu inzestuösen Handlungen führen, zu einer blutigen Nase aber schon. Weil eben nicht Yvonne mit Ingo zusammen und die schöne Mandy frisch geschieden ist und daher nach tröstender Zuwendung dürstet, sondern ihre Halbschwester Nadine. Also, die mit dem KiK-Dekolleté. Nadine aber hat sich bereits vor einer halben Stunde auf der Toilette verbarrikadiert, weil sie während der Schwangerschaft nun einmal keinen Likör verträgt.

Und noch etwas. Bei Ihren ersten öffentlichen Auftritten sollten Sie nicht durch Exaltiertheiten glänzen. Also bestehen Sie nicht mit Nachdruck auf Tofuwürstchen, verlangen Sie keine Sojamilch zum Kaffee, mäkeln Sie nicht über den Wein und stellen Sie sich auch nicht als Raul vor, der was in den Medien macht, wenn Sie eigentlich Klaus-Rüdiger heißen und vorzeitig das Erbe Ihrer Eltern verprassen, die in Sindelfingen eine Teppichreinigung unterhalten.

Ein dörflicher Partykeller verlangt andere Balzstrategien als eine hauptstädtische Szenelokalität. Soll heißen, Sie bleiben am besten bei der Wahrheit und hoffen darauf, dass der Alkohol den Rest erledigt. Immerhin haben Sie in der Runde den Frischfleischbonus, und wenn Ihr Auftritt nicht völlig danebengegangen ist, wird zu fortgeschrittener Stunde mit Sicherheit irgendjemand mit sexuell eindeutigen Avancen bei Ihnen vorstellig werden.

TANTRA UND TIEFDRUCKGEBIETE
ODER WIE MAN, OHNE DER TRUNKENHEIT ANHEIMZUFALLEN, TRÜBSINN TATENDURSTIG THERAPIERT

Sagen wir es mal so, die Kontaktaufnahme mit Einheimischen mag schwer, ja sogar von nachhaltigen Leberschädigungen und gelegentlichen Vaterschaftsklagen begleitet sein, aber es gibt Schlimmeres. Weitaus verdrießlicher als eine likörbekleckerte Kunstfaserbluse, aus der es ländlich üppig quillt, ist eine selbst gefilzte Zipfelmütze, unter der ein abgehärmter Esoteriker steckt, der Ihnen nach der zweiten Tasse Brennnesseltee eine Prostata-Massage auf handgegerbten Heidschnuckenfellen anbietet. Und selbst wenn es sich bloß um eine Einladung zu einer kollektiven Freiluftdarmspülung nach der von Amazonasindianern favorisierten Kautschukballmethode handelt und es unter dem Filzzipfel auch nicht wirklich finster ausschaut, sollten Sie skeptisch bleiben. Beginnen doch die größten ländlichen Aussteigerdramen auf diese Art. Also mit spontanen Einladungen in Schwitzhütten, Feldenkrais- oder Gebetstrommelgruppen, zu Eigenurintherapie- oder Wiedergeburtserfahrungsaustauschkursen. Und wirklich nichts muss der Stadtflüchtling mehr fürchten als die erdrückende Umarmung durch seinesgleichen.

Es wäre wirklich naiv zu glauben, der Schritt aufs dünnbesiedelte Land würde einen quasi automatisch der grauen Masse entreißen und per se zum Außenseiter stempeln.

Schließlich ist man nicht als Einziger und auch nicht als Erster auf die Idee verfallen, von Rindern gerahmt, einen Neuanfang zu wagen. Von dieser Sorte Landbewohner gibt es inzwischen bereits Hunderttausende. Egal wohin man auch zieht, kein Landstrich ist so gottverlassen, dass dort nicht schon jemand wäre, der diesen Weg bereits Jahre vor einem gegangen ist. Ängstigen muss einen das aber erst einmal nicht. Im Gegenteil, nutzen Sie die Erfahrungen von Altaussteigern, lassen Sie sich praktische Tipps für die Hühner- oder Entenhaltung, für die Garten- und Feldarbeit geben. Ja, selbst wenn am Lagerfeuer die Flaschen kreisen und Klagelieder über das lokale Ordnungsamt oder die globale Erderwärmung angestimmt werden, dürfen Sie ruhig zugreifen.

Sollte allerdings zu vorgerückter Stunde die Rede auf Transzendentes kommen, werden Namen von befreundeten Wunderheilerinnen, Gurus und Schamanen genannt und Plazentaplätzchenrezepte getauscht, suchen Sie eiligst das Weite.

*

Vielen Aussteigern schlägt das Landleben irgendwann aufs Gemüt. Sie fühlen sich einsam, nutzlos, dürsten nach Austausch, Ermunterung und geistigem Zuspruch. Besonders Menschen, deren Selbstwertgefühl auf wackligen Füßen steht, die ohne anderer Leute Anerkennung an ihrem Existenzrecht zweifeln, werden in der Einöde schnell mental malade. Besonders, wenn sie durch exzessive Zurschaustellung persönlicher Schrullen die alteingesessene Dorfbevölkerung bereits brüskiert und so ihre Integration in die ländliche Gemeinschaft erfolgreich verhindert haben. Selbstverschuldet zum unglücklichen Eremitendasein verdonnert, greifen sie nach jedem noch so dünnen Strohhalm.

Und auf das Schnitzen oder Reichen dieser vermeintlich spirituell hilfreichen Stängelchen hat sich eine andere, robustere Aussteigerfraktion spezialisiert. Sei es aus missionarischem Eifer oder schnödem pekuniärem Interesse. In selbstgestrickten, handgewebten oder von Mutti gefilzten Gewändern ziehen sie übers Land, um an Lagerfeuern oder Lehmöfen Sinn- oder Trostsuchenden seelische Erquickung zu kredenzen. Während die Zeugen Jehovas mit Klingelstreichen und windige Finanzberater mit Kettenbriefaktionen Seele oder Konto zu kapern versuchen, werden die Abzocker aus der Esoterikbranche per Mundpropaganda durch das ländliche Aussteigerbiotop geschoben.

Für wirre Heilslehren ist die dörfliche Einöde der ideale Nährboden. Selbst wenn Sie einfach nur nett tanzen gehen wollen, kann es schnell passieren, dass Sie mit einem halben Dutzend menstruierender Frauen nackt ums Erdbeerbeet hüpfen, weil diese Art Polonaise angeblich den Ertrag steigern soll.

Also seien Sie wachsam, denn anders als in der Stadt können Sie hier nicht einfach aufstehen und Kneipentisch oder Lokal wechseln. Auf dem Land sind die Vergnügungen rar gestreut, liegen zwischen Heim und Partyplatz oft etliche Kilometer.

*

Freilich haben Sie das Recht zur Depression. Und nicht an jedem unglücklich dreinschauenden Aussteiger muss zwangsläufig der Selbstzweifel nagen. Oft kommt es vor, dass sich statt der kalendarisch versprochenen Frühlingssonne dunkle Wolken in endloser Reihe am Fenster vorbeischieben, dass es noch zu Ostern schneit und selbst im Mai die Heizung angeworfen werden muss. Auch in der Stadt bekommt man bei einer lang anhaltenden Tiefdruckparade zuweilen schlechte Laune. Auf dem Land aber wird das Problem rasch existenziell. Durchbrechen hier doch weder Kinos, Theater oder Klubs noch kuschelige Restaurants den grauen Horizont, und selbst jene wenigen Freunde, mit denen man bei Wein und Scrabble Regenschauer und Orkane vergessen könnte, wagen mit ihrem rostigen Golf nicht die halbstündige Fahrt über die aufgeweichten Waldwege.

An Tagen wie diesen flickten früher die Fischer ihre Netze, traten Bäuerinnen das Spinnrad, stopften Landpfarrersfrauen Socken. Und auch als Aussteiger sollte man sich für solch deprimierende Wetterlagen vorsorglich nach einer inhäusigen Beschäftigung umsehen. Eine kleine Werkstatt wäre hilfreich, ein privates Fotolabor, Töpfer- oder Malatelier auch. Man kann das Köchelverzeichnis hoch und runter hören, sich auf dem Xylophon oder der Maultrommel üben, Sprachkurse in den CD-Player legen oder lernen, altjapanische Haikus aus dem Kopf zu rezitieren.

Kurzum, machen Sie irgendwas, doch machen Sie was. Ist doch nichts gefährlicher, als sich dem Trübsinn hinzugeben oder ihn gar mit Alkohol bekämpfen zu wollen. Nichts gegen Bier, Wein, Whisky oder Wodka, doch wer als Landmann zur Flasche greift, bevor die Hühner auf der Stange sitzen, läuft schnell Gefahr, der Trunksucht zu verfallen. Und auch auf dem Land ist solch ein Laster alles andere als erquicklich. Ihre

Produktivität fällt rapide ab, die Gesundheit leidet, Haus und Garten verwahrlosen, Freunde und Verwandte gehen auf Distanz.

Andererseits ist ein kühles Blondes kaum willkommener, als wenn Sie auf einem Hauklotz sitzend sich den Schweiß von der Stirn wischen und strahlend vor Stolz auf den riesigen Stapel jenes Holzes blicken, das Sie gerade mit eigener Hand und Axt kleingehackt haben. Und selbst der lausigste Supermarkt-Crianza bekommt einen langen tiefen Abgang, wenn Sie ihn an einem lauen Sommerabend unter freiem Himmel genießen, während die Sonne am Horizont untergeht und sich vor dem brennenden Rot die Silhouette Ihres eigenen Pferdes ins Bild schiebt.

Solche glücklichen Momente kann man nicht herbeisaufen. Sie sind rar gesät, müssen hart erarbeitet werden. Und sie sind eigentlich viel zu schön, als dass man sie durch übermäßigen Alkoholkonsum trüben sollte.

URLAUB UND UNTERHALTUNG
ODER WAS MAN VON STALIN IM UMGANG MIT STÄDTERN NICHT LERNEN KANN

Das Landleben ist nichts für Plaudertaschen. Menschen, die sich nur lebendig fühlen, wenn ihre Stimmlippen vibrieren, sollten in der Stadt bleiben. Zwar kommen selbst in den entlegensten Dörfern die Menschen nicht ohne Ohren daher, aber das heißt noch lange nicht, dass sie die jederzeit und jedermann leihen würden. Und selbst wenn Sie in Ihrem Weiher den einen oder anderen gutwilligen Zuhörer rekrutieren können, ist nicht gesagt, dass er Sie versteht. Tempo und Syntax Ihrer Rede können hier ebenso befremden wie das Thema an sich. Wenn Sie als Volontär mit der Bemerkung »Ist doch ein Ding mit dem Grass?« in die Feuilletonredakteursfrühstücksrunde platzen, ist Ihnen die Aufmerksamkeit erst einmal sicher. Erwartungsvoll schaut man Sie an, hofft, dass aus Ihrem Mund jetzt dicke Ungeheuerlichkeiten purzeln. Der Dichter sei der Sodomie überführt, in flagranti erwischt worden mit einem Rochen im Watt. Oder schlimmer noch: Bei einer Dickdarm-OP hätten Ärzte im Nobelpreisträgerkörper eine dort seit über sechs Jahrzehnten ruhende Ehrennadel der SS-Heimwehr Danzig entdeckt.

Dieselbe Bemerkung, auf den Dorfplatz getragen, löst in der Regel Achselzucken aus, wird allenfalls mit einem knappen »Zu nass!« oder »Muss rein!« kommentiert.

Wo die einen sofort ein doppeltes S hören respektive in Runen gemeißelt sehen und sich in Erwartung einer langanhaltenden Debattenschlacht die Hände reiben, vernehmen die anderen nur ein langes A wie Arbeit und sehen Wagenladungen künftigen Gärfutters am Horizont auftauchen.

Im Klartext: Was durch die Häuserschluchten der großen Städte Lava gleich als kochendheißes Thema rollt und in Meinungsführerkreisen über Wochen für hitzige Kontroversen sorgt, erreicht das flache Land nicht einmal mehr als laues Rinnsal. Und das ist keine Frage des Intellekts. Eher ist es so, dass die meisten Nachrichten ihr Skandalpotenzial verlieren, sobald sie der Enge der Städte entweichen. Der offene Horizont legt sich dämpfend über sie, raubt der vermeintlichen Sensation alle Relevanz. Und selbst wenn Sie sich dagegen sträuben, den Spiegel abonnieren und täglich tapfer im Kultur- und Politikteil von FAZ oder SZ blättern, spätestens nach zwei oder drei Jahren wird es auch Sie erwischt haben. Meldungen, bei denen Ihr Nebennierenmark früher das Adrenalin tassenweise ins Blut schüttete, lassen Sie dann völlig kalt. Dafür pocht Ihr Herz um so schneller, wenn dunkle Gewitterwolken urplötzlich den Himmel verdunkeln, während Sie gerade erst angefangen haben, das bereits zweifach gewendete Heu von Ihrer fußballfeldgroßen Sommerwiese in die Scheune zu fahren.

Das Sein bestimmt auch hier das Bewusstsein, fast zwangsläufig nähert sich der Stadtflüchtling mental der alteingesessenen Landbevölkerung an. Sein Vortrag wird an Geschwindigkeit, seine Sätze an rhetorischem Zierrat verlieren. Subjekt, Prädikat, Objekt wird er nackt aneinanderreihen und trotzdem nach jedem noch so schlichten Satz innehalten. So lange jedenfalls, bis sein Gegenüber den Empfang mit einem Brummen, Stirnrunzeln oder Nicken quittiert. Auch wenn es den Anschein erwecken mag, nicht Schlichtheit wird sich seines Gemütes bemächtigen.

Nein, ein neuer Pragmatismus ist es, der des Stadtflüchtlings Reden nun durchzieht und es, von allem eitlen Ballast entschlackt, einzig um wirklich existenzielle Fragen kreisen lässt.

Wen das schreckt, wer glaubt, so abgeschnitten von der Welt und den Debatten, die in ihr toben, der Einfalt anheimzufallen, wer fürchtet, sein Ausstieg würde in tiefer Depression oder Selbstentleibungsversuchen enden, darf es gern auch spirituell angehen. Schließlich steckt man anderenorts Leuten, die das Schweigen als Weg zu innerer Einkehr und Erkenntnis preisen, die Euros gleich bündelweise unter die Meditationskissen oder Wickelhosen. Also, ehe man nach Indien fliegt oder hierzulande teure Mauna-Yogakurse bucht, kann man auch ohne viel Geld in der deutschen Provinz auf der Suche nach sich selbst verstummen.

*

Nun werden Sie sich vielleicht fragen, wie Ihre alten Freunde reagieren, wenn Sie künftig nur noch in Drei-Wort-Sätzen über Ernte, Wetter und die Labdosierung bei der Ziegenweichkäsezubereitung reden. Und damit gar nicht erst der Verdacht aufkommt, dieses Buch will Sie zum Eremiten erziehen, sei hier auf die Frage der Pflege alter Bekanntschaften etwas ausführlicher eingegangen. Denn natürlich wollen wir Sie nicht von Ihren zweibeinigen Freunden trennen, nicht der Welt berauben, die außerhalb Ihres Gartenzauns wartet.

Nur sollten Sie den Ausstieg schon als Chance begreifen, Ihr bisheriges persönliches Beziehungsgeflecht einer Inventur zu unterziehen. Am besten, Sie nehmen sich an einem der ersten lauen Sommerabende Ihrer neuen ländlichen Existenz etwas Zeit. Entkorken Sie eine Flasche guten Weines, trinken einen Schluck und schlagen Ihr privates Telefonverzeichnis auf. Gehen Sie Namen für Namen durch und fragen sich dabei, wen von den aufgelisteten Damen und Herren Sie an einem Abend wie diesem gern an Ihrer Seite hätten. Wer diese Revision nicht übersteht, kann getrost gestrichen werden.

Natürlich dürfen Sie Ausnahmen machen, besondere Fähigkeiten, attraktive Ehepartner, ausstehende Restschuldzahlungen als mildernde Umstände in Rechnung stellen. Bei Zahn- und Tierärzten, Urologen und Weinhändlern sollten Sie ebenso nachsichtig sein wie bei Fuhr- und Bauunternehmern, Heizungsmonteuren, Tischlern und Dachdeckern.

Wenn Sie allerdings nach dieser kleinen Musterung, wie dereinst Stalin nach seiner großen Säuberung, nur noch devote Speichellecker um sich scharen können, haben Sie das Prinzip gründlich missverstanden. Schließlich sind Sie kein Diktator und auch nicht der Personalvorstand eines börsennotierten Großunternehmens, der durch radikalen Stellenabbau die Kurse in die Höhe peitschen und seine verbliebenen Angestellten in Angststarre versetzen muss.

Zweck der hier anempfohlenen Sichtung ist allein das Abschmelzen Ihres städtischen Bekanntenkreises auf ein dörflich verträgliches Maß. Konzentrieren Sie sich auf ein Dutzend wirklich liebenswerte Menschen. Mit ihnen in Kontakt zu bleiben, in ihnen Verständnis zu wecken für Ihre neue weltabgeschiedene Existenz, für Ihr minimalistisches Kommunikationsgebaren, für Ihre textile Verwahrlosung, für Ihr plötzliches Desinteresse an Szeneklatsch und Promitratsch, wird schon schwer genug.

Verteilen Sie die neue Adresse, die neue Telefonnummer mit der sechsstelligen Vorwahl also nur an die Menschen, die Sie wirklich gerne wiedersehen wollen. Zwar werden auch von denen etliche Ihren Abgang nutzen, um für immer Lebewohl zu sagen, doch was dem einen recht ist, kann dem anderen nur billig sein. Wenn am Ende eine Handvoll Freundschaften die wechselseitige Durchsicht überdauert, dürfen Sie sich glücklich schätzen.

Freunde in der Stadt zu haben ist auch für den Landmann, die Landfrau von Vorteil. Es fängt mit den vielen kleinen Mitbringseln an, die sie bei Besuchen auf Ihren Küchentisch legen können. Zwar haben inzwischen auch die ländlichen Discounter Espresso, Pesto oder Mascarpone in ihrem Regal, aber es gibt darüber hinaus noch unzählige Köstlichkeiten, die bislang allein dem großstädtischen Gourmet vorbehalten bleiben. Also geben Sie rechtzeitig Wunschzettel ab, schicken Sie Ihre Freunde zum mediterranen Feinkostladen und lassen Sie sich mit erlesenen Antipasti beglücken.

Im Gegenzug überraschen Sie Ihre Gäste mit frischem Wild, mit selbst gemachtem Ziegenkäse oder einer schönen Rote-Beete-Suppe. Überhaupt sollten Sie als teutonischer Landbewohner nicht versuchen, mit der italienischen oder französischen Küche zu konkurrieren. Gegen die Lieblingsrestaurants Ihrer Großstadtfreunde haben Sie ohnehin keine Chance.

Versuchen Sie es stattdessen mit rustikaler Kost aus dem eigenen Stall oder Garten, kredenzen Sie dazu Selbstgebrannten und garnieren Sie das Ganze mit unterhaltsamen Anekdoten aus dem Neubauernleben. Räumen Sie den Besuchern die Möglichkeit ein, sich das Frühstücksei selbst aus dem Hühnernest zu holen. Gestatten Sie ihnen, die Ziege zu melken, das Kaninchen zu streicheln oder ihm unter Ihrer Anleitung das Fell über die Ohren zu ziehen.

Machen Sie sich das regelmäßige Ausrichten von Frühlings-, Sommer- oder Herbstfesten ruhig zur Pflicht. Aber versuchen Sie dabei erst gar nicht, an städtische Partygepflogenheiten anzuknüpfen. Sie wirken in dem Bemühen, urbane Amüsierrituale für den dörflichen Gebrauch zu adaptieren, nur lächerlich.

Setzen Sie bewusst auf Kontraste. Bieten Sie Landleben satt, organisieren Sie ein familienfreundliches Festprogramm, lassen Sie Großstadtkinder auf Ponys reiten, ortsansässige Rinderzüchter mit frisch geschiedenen Lektorinnen tanzen, veranstalten Sie Fußballturniere oder Tischtenniswettbewerbe, laden Sie zum Mitternachtsbaden in den Waldsee, offerieren Sie Doppelliegeplätze im frisch eingefahrenen Heu.

Für den normalen Stadtbewohner, der Stroh und Gras kaum zu unterscheiden weiß, wird ein so fürsorglich zelebrierter Landaufenthalt zu einem bleibenden Erlebnis. Dankbarkeit ist Ihnen ebenso gewiss wie das Versprechen einer baldigen Wiederkehr. So auf das dörfliche Leben eingestimmt, ist der eine oder andere Freund nun sicher auch gern bereit, Sie im Bedarfsfall zu vertreten. Denn um auf dem Land nicht geistig zu verwahrlosen, sind gelegentliche Ausbrüche aus der trauten Idylle wichtig.

Natürlich kann man einen glücklichen Aussteiger mit einer Pauschalreise nach Antalya, mit einem Trip nach Mallorca kaum noch locken. Er braucht nicht Badespaß am Ballermann, nicht All-inclusive-Völlerei an der türkischen Riviera. Was ihm fehlt, ist Inspiration, sind kulturelle Erlebnisse, kulinarische Entdeckungen, sinnstiftende Abenteuer, von denen er noch Jahre später an einsamen Winterabenden zehren kann.

Das alles geht aber nur, wenn Sie tatsächlich Haus & Hof zuverlässigen Freunden anvertrauen können. Geben Sie ihnen die Möglichkeit, für drei oder vier Wochen das Aussteigerleben zu testen. Vielleicht lassen sie sich begeistern und erwerben ein Haus in der Nachbarschaft. An Urlaubsaushilfskräften wird es nicht mangeln, wenn Sie sich an die eben aufgelisteten Tipps halten. Nach einem ein- oder zweitägigen Einführungskurs in die Gartenwässerungs- und Tierversorgungspraxis können Sie dann ruhigen Gewissens in die Ferne ziehen. Doch gehen Sie nicht unvorbereitet irgendwohin. Zelebrieren Sie Ihren Urlaub als Studienreise, lassen Sie Strände und Schneepisten links liegen, durchstreifen Sie Museen, Kirchen, Ausgrabungsplätze, testen Sie Restaurants, Opernhäuser, Antik- und Gartenmärkte, reisen Sie mit der Bibel auf Jesus Spuren durchs Heilige Land, mit Goethe nach Italien oder mit Jack Kerouac On the Road durch die USA. Wenn es unbedingt sein muss, können Sie auch nach Santiago de Compostela pilgern.

*

Selbst wenn Sie nicht vorhaben, Ihren Hof zu verlassen, so sind wohlwollende Helfer doch stets vonnöten. Hier sei nur an jenes Kapitel erinnert, wo unter G auch der Frage nachgegangen wurde, wie man durch Holzeinschlag seine ländliche Existenz sichern kann. Wenn Sie ganz allein mehrere Festmeter Hartholz kamingerecht zerkleinern müssen, werden Sie bald an körperliche Grenzen stoßen. Natürlich können Sie sich Maschinen kaufen, doch die kosten Geld und machen Krach. Besser ist es da schon, Sie organisieren für den engen und erweiterten Freundeskreis Lumberjack-Weekends.

Gerade männliche Städter um die 40 neigen dazu, ihre diversen Muskeln auf Hantelbänken, Laufbändern oder Rudergeräten in bis dato nie gekannte Volumina zu treiben. Im irrigen Glauben, der natürliche Alterungsprozess ließe sich abschrecken, wenn man ihm als Michelinmännchen gegenübertritt, verbringen sie kostbare Lebenszeit in stickigen Trainingsräumen und geben dafür auch noch Geld aus. Von diesem Trend zur individuellen Körperverformung können Sie profitieren.

Mit der Aussicht, an frischer Luft Arm-, Rücken-, Bein- und Gesäßmuskulatur unentgeltlich stärken zu dürfen, sollten Sie ausreichend Bewerber für Ihr Holzfällerwochenende gewinnen. Vorausgesetzt, Sie haben genügend Äxte, Sägen und Hauklötze bereitgestellt, sollten acht Teilnehmer innerhalb von zwei Tagen wenigstens 100 Raummeter Holz zerkleinern. Wenn Sie diese Menge nach der unter G aufgeführten Strategie vermarkten, kommen Sie mit dem Erlös ohne Not ein ganzes Jahr über die Runden. Es bleibt sogar noch genügend Geld übrig, um sich bei Ihren körperbewussten Freunden mit einem gegrillten Frischling und zwei Kästen Bier zu bedanken. Nach ganz ähnlichem Muster kann man für Freundinnen aus der Stadt ein Ladyprogramm organisieren, an dessen Ende Ihr vormals verwilderter Garten mit Sicherheit in vorbildlicher Ordnung glänzt.

VIELLEICHT WIRD IHRE FRAU ZUR XANTHIPPE
ODER WARUM ES ZWEIFELSOHNE KLÜGER IST, ES EIN ZWEITES MAL WOANDERS ZU VERSUCHEN

Kreuzworträtselfreunde wissen, wer gemeint ist, wenn die Rede auf Sokrates' Gattin kommt. Xanthippe gehört zu den wenigen weiblichen Vornamen, die mit einem X beginnen. Übersetzt heißt das so viel wie »blondes Pferd«, und Altphilologen können vielleicht klären, ob das im Athen des Perikles als schmeichelhaft galt. Auf jeden Fall ist der Name irgendwie aus der Mode gekommen, und vermutlich würde er heute nicht mal mehr im Kreuzworträtsel auftauchen, wenn sich nicht eben jene Xanthippe in das abendländische Gedächtnis als Inbegriff des zänkischen Eheweibs eingebrannt hätte. Natürlich gibt es in der Geschichte auch zänkische Gatten zuhauf. Nur trägt leider keiner ein X im Namen voran.

Also bleiben wir bei Xanthippe, die sich vor allem dadurch unsterblichen Ruhm erstritt, dass sie ihren Nachttopf über den Schädel ihres Gatten ausgeleert haben soll. Nietzsche meint, dass Aktionen wie diese Sokrates erst zum Denker gemacht hätten. Nur der Umstand, so Nietzsche, dass Xanthippe ihrem Gatten »Haus und Hof unhäuslich und unheimlich machte« und ihn damit auf die Gassen trieb, »wo man schwätzen und müßig sein konnte«, ließ ihn zum Philosophen werden.

Womit wir auch schon bei Ihnen, lieber Aussteiger, sind. Denn egal wohin Sie Ihre Füße auf der Flucht vor dem alten,

Ihnen überdrüssig gewordenen urbanen Leben tragen, es ist nicht Athen. Und Gassen sollte es dort, wenn Sie alles richtig gemacht haben, auch nicht geben. Jedenfalls nicht solche, in denen sich die Massen schwatzend drängen. Insofern können wir Sie hier nicht wirklich trösten, wenn sich wider Erwarten Ihre Partnerin im Laufe des ländlichen Neubeginns in eine Furie verwandelt.

Dem Heim zu fliehen, um vor der Tür vielleicht Trost in angeregter Konversation zu suchen, das läuft auf dem Lande nicht. Mangels Gesprächsstoff und -partnern könnte man höchstens laut monologisierend allein auf der Dorfstraße stehen. In der Hoffnung, dass irgendwann vielleicht der Family-Frost-Fahrer hält, um sein Tiefkühlgemüse an den Mann zu bringen.

Das werden Sie vermutlich auch brauchen. Denn ist der häusliche Friede dahin, ist auch die ländliche Idylle futsch. Die Selbstversorgung bricht unter Kompetenzstreitigkeiten zusammen, der Garten verwildert, um Hund und Katze tobt ein erbitterter Sorgerechtsstreit.

Ist es erst einmal so weit gekommen, gibt es nur noch zwei Möglichkeiten. Entweder Sie werden zu einem wortkargen Schrat, den es schon im Morgengrauen in Wald und Flur zieht, weil er dem häuslichen Terror entgehen will. Sie sammeln Moos, pressen Blätter, imitieren Vogelstimmen und zähmen sich ein Reh, mit dem Sie – mit etwas Glück – nach zwei bis drei Jahren sogar kuscheln können, oder aber Sie ziehen aus.

Machen wir uns nichts vor, ein Großteil der auf dem Immobilienmarkt angebotenen Einfamilienhäuser stammen aus zerrütteten Partnerschaften, sind Scheidungsobjekte. Es gilt als Zeichen einer gleichberechtigten Partnerschaft, dass sich sowohl Mann als auch Frau ins Grundbuch eintragen lassen. Und haben sich beide gemeinsam das Geld für Kauf, Bau oder Sanierung vom Munde abgespart, ist das auch völlig in Ordnung. Ebenso fair ist es, wenn im Falle eines Hypothekendarlehens die Zins- und Tilgungslast auf beider Schultern ruht. Doch solch ein emanzipatorisches Agreement erweist sich als höchst problematisch, wenn die Beziehung in die Brüche geht. Dann nämlich beginnt zumeist ein zäher, nervenaufreibender Kampf um eben jene vier Wände, in denen sich das traute Glück verflüchtigt hat.

Schön ist es da, wenn sie als Scheidungsgrund einen solventen Liebhaber ins Feld führt, der mit Geschenken nur so um sich wirft, ihr die Ehe verspricht und sie obendrein noch dazu animiert, auf alle Ansprüche an ihren Expartner zu verzichten. Hin und wieder sollen solche Wunder gehörnten Männern das Heim gerettet haben.

In der Regel aber sieht die Wirklichkeit anders aus. Erst recht, wenn er der Übeltäter ist. Denn natürlich sind Moos und Reh auf Dauer kein Ersatz. Und so werden viele gestandene Männer, die sich daheim gepiesackt oder vernachlässigt fühlen, eher zu Fremdgängern denn zu Waldläufern. Meistens erliegen sie dem Charme einer weitaus jüngeren Geringverdienerin. Auf dem Land ist das nicht anders als in der Stadt. Zwar sind in der Provinz der Versuchung Grenzen gesetzt, doch hin und wieder findet sich sogar unter der raren Zahl junger Dorffrauen die eine oder andere, die für eine Affäre mit einem unglücklich liierten Stadtflüchtling empfänglich ist. Gerade für Aussteiger, die aufs Land gezogen sind, um dem sinnlosen Dauerbombardement zu entkommen, jenem unaufhörlich herniederprasselnden Hagel von ungeheuerlich wichtigen Neuigkeiten, kulturellen Sensationen, intellektuellen Offenbarungen, deren Halbwertszeiten oft nicht einmal die Ablauffrist frisch gekaufter Biomilch überdauern, kann die Liebe zu einer lebenstüchtigen Jungmelkerin ein Labsal bedeuten.

Sollten Sie also so einer Mandy, Nadine oder Yvonne verfallen sein und aus unerfindlichen Gründen sie auch Ihnen, dann fassen Sie sich ein Herz und ziehen aus. Denn freiwillig wird Ihre betrogene Partnerin das Feld nie räumen, verbissen wird sie auf ihr notariell verbrieftes Recht pochen, sich an das von ihr eben noch verfluchte Stück Land klammern. Sind Ihre Habseligkeiten erst einmal aus dem Haus, kippt die Stimmung Ihrer nunmehrigen Ex mit Sicherheit sofort. Bar aller Sub- und Objekte, auf die sich ihr Hass richten kann, wird ihr zornig-zänkisches Gemüt schnell abkühlen. Sachlich wird sie ihre Lage analysieren und Ihnen früher oder später eine gütliche Einigung anempfehlen. Nicht dass sie Ihnen das Haus nun überlässt, aber wenigstens wird sie es verkaufen wollen, um zurück in die Stadt und in ihr altes Leben zu ziehen. Auch wenn Ihr Herz blutet, stimmen Sie zu. Trennen Sie sich von Ihrer ersten Fluchtburg und streichen Sie, wenn die Banken keine Ansprüche erheben, die Hälfte des Verkaufspreises ein.

Sicher, das wird ein Verlustgeschäft sein. Jedenfalls immer dann, wenn Sie bereits zwei, drei oder mehr Jahre damit verbracht haben, Haus und Land bewohn- und urbar zu machen. Diese Arbeit bezahlt Ihnen nachträglich keiner. Aber

Kopf hoch, begreifen Sie die Pleite als Chance. Bauen Sie auf Ihre leidvoll gesammelten Aussteigererfahrungen, schnappen Sie sich dieses Buch und fangen mit der jungen Rinderzüchterin noch einmal ganz von vorne an.

Leo Hickman

Fast nackt

Mein abenteuerlicher Versuch, ethisch korrekt zu leben. Aus dem Englischen von Theda Krohm-Linke. 320 Seiten. Piper Taschenbuch

Fair-Trade-Apfel aus Übersee oder heimischer Bioapfel? Was halten auswaschbare Windeln aus? Ein Jahr lang hat der Londoner Journalist Leo Hickman versucht, ohne schlechtes Gewissen zu leben: gesunde Ernährung, schonender Umgang mit natürlichen Ressourcen und der Versuch, bestimmten Großkonzernen seine Kaufkraft zu entziehen. Mit viel Witz berichtet er davon, wie er und seine Familie sich erfolgreich umgestellt – und damit ihr Leben von Grund auf umgekrempelt haben.

»Der ziemlich britische Versuch, mit Humor und gesundem Menschenverstand abstrakte Prinzipien auf die Probe zu stellen.«
Frankfurter Allgemeine Sonntagszeitung

Andreas Hoppe

Allein unter Gurken

Mein abenteuerlicher Versuch, mich regional zu ernähren. 272 Seiten. Piper Taschenbuch

Bio war gestern – jetzt ist regional essen angesagt. Doch wie schafft man es, nur das zu essen, was in der Nähe wächst? Ruft da gleich der Schrebergarten? Und gibt's im Winter mehr als Rüben? Andreas Hoppe hat es ausprobiert. Und stellt fest: »local food« ist alltagstauglich, macht einen Heidenspaß – und man kann vor allem grandios scheitern. Denn wie kommt man nach einem Zehn-Stunden-Drehtag an Tomaten aus der Region? Und was, wenn die Lust auf einen Espresso überhand nimmt? Ein kulinarischer Selbstversuch – amüsant und gut fürs Gewissen.

»Ein höchst vergnügliches Buch«
SWR.de

SIE WOLLEN MEHR ÜBER ANDRÉ MEIERS AUSSTEIGERLEBEN LESEN?

Im Frühjahr 2011 erschien das Nachfolgebuch »Hollerbusch statt Hindukusch«. André Meier berichtet darin gemeinsam mit seiner Frau Anja Baum von neuen Glücksmomenten und Widrigkeiten des Aussteigerlebens und klärt, warum das Abendland am Hollerbusch und nicht am Hindukusch verteidigt werden muss.

»Hollerbusch statt Hindukusch.
Neues von der Aussteigerfront«
Von André Meier und Anja Baum

Seitenstraßen Verlag Berlin
978-3-937088-08-2
Klappenbroschur, 144 Seiten
9,90 Euro

seitenstraßen|verlag